中研院近代史研究所口述历史系列

U0954091

刘真先生口述历史

访问 胡国台

纪录 郭玮玮

九州出版社 JIUZHOUPRESS | 全国百佳图书出版单位

图书在版编目（CIP）数据

刘真先生口述历史 / 胡国台访问；郭玮玮纪录. --北京：九州出版社，2012.12

（中研院近代史研究所口述历史系列）

ISBN 978-7-5108-0559-2

Ⅰ. ①刘… Ⅱ. ①胡… ②郭… Ⅲ. ①刘真－生平事迹 Ⅳ. ①K827=7

中国版本图书馆CIP数据核字(2012)第254311号

刘真先生口述历史

作　　者　胡国台 访问　郭玮玮 纪录
出版发行　九州出版社
出 版 人　徐尚定
地　　址　北京市西城区阜外大街甲35号（100037）
发行电话　(010)68992190/2/3/5/6
网　　址　www.jiuzhoupress.com
电子信箱　jiuzhou@jiuzhoupress.com
印　　刷　三河市东方印刷有限公司
开　　本　680毫米×970毫米　16开
印　　张　17.25
字　　数　167千字
版　　次　2013年4月第1版
印　　次　2013年4月第1次印刷
书　　号　ISBN 978-7-5108-0559-2
定　　价　39.00元

出版说明

台湾中研院近代史所，从建所至今，几十年来共采写和出版了二百余种“口述历史”。近代史所的学者制定了严格的口述史操作规范，并进行采访和撰写，使类似史料层面的“回忆录”和“纪实”，上升为可供专业人员研究的“口述历史”。他们的访问对象涉及当代军事、政治、经济、文化等各方面的重要人士，请其自述生平，为现代史研究留下了一系列珍贵的口述记录。

九州出版社“中研院近代史研究所口述历史系列”，是上述二百余种“口述历史”的精选集，也是海峡两岸出版交流中心的重点引进出版项目。本系列以简体字出版，对原书注文体例和文字错误进行了必要的订正。原版本的丛书弁言和前言，介绍了该丛书的缘起、价值和意义等情况，简体版将其主要内容附于书前。

该书访谈对象的某些政治立场、观点和看法，我们并不认同，但为了保留史料，便于参考研究，在编辑过程中，我们对文中对我党我军的诬蔑性语句和称谓进行了中性处理，内容仍保留原貌；个别之处，有所节略；对于文中一九四九年十月一日以后使用的“民国”纪年，改为公元纪年；对于文中一九四九年十月一日以后的台湾当局相关机构、职务等，加以引号。本系列图书供近现代史专业读者参考使用，望读者在阅读时注意辨析书中的一些内容。

九州出版社

2013年4月

弁　言

口述历史访问计划，中研院近代史研究所在筹备时期，即由筹备主任（嗣任首任所长）郭廷以拟订进行，其目的在访问当代军事、政治、外交、文教、经济、社会等各方面的重要人物，请其自述生平，为现代史保留忠实而深入的纪录，以备历史学者之研究。自一九〇九年十月起迄一九七二年九月止，参加访问工作者先后有沈云龙、王聿均等二十二人，接受访问者七十余人，成稿六十六份，约四百八十万言。

口述历史资料，其重要性不亚于文献档案。民国以还，内乱外患交迭相乘，史料损失，不可胜计。对历史真相的了解，需要参证当事人口述之处甚多，这些笔录，对中国现代史的研究将有莫大的帮助。本所于一九八二年开始征得应访者（或其家属）同意，陆续刊印访问纪录卜列为口述历史丛书。一九八四年春在所长吕实强推动下，成立口述历史组，恢复访问工作。

本所访问人员力求应访者尽情畅谈，所成笔录文稿保留口述原意，不予刻意修饰。初稿送应访者校订后视为定稿。惟应访者记忆难免有所疏误，或有涉及价值判断、个人恩怨、政治立场，而纪录或有语意不清，印刷或有手民误植，尚祈读者赐函指正。

中研院近代史研究所口述历史组谨识

一九九三年十二月

目 录

一九八九年十二月一日，刘真先生与夫人石裕清女士于获赠“文化奖”后，在“行政院”礼堂内合影。

民国卅八年，刘真先生任
台湾师范学院院长

一九五五年六月五日师院
改制师大时，刘真校长手
书校训“诚正勤朴”

一九五五年，刘真校长于师大行政大楼入口处手书“止于至善”，勉励同学自强不息，日新又新

刘真先生任师院及师大校长期间，每晨主持升旗典礼与朝会，从未间断

一九六八年刘真先生与钱穆先生（右）合影

一九五五年冬，刘真先生与师大文学院长梁实秋先生（左）于校长办公室内叙谈

一九五八年五月，刘真先生（右二）任台湾省政府教育厅长时，在台中清泉岗机场欢迎伊朗国王（左三），后立者为“副总统”陈诚（左二）与省府主席周至柔（左一）

一九五九年三月，刘真先生（左二，时任教育厅长）在台中清泉岗机场欢迎约旦国王胡笙

一九五九年二月，刘真先生与中研院胡适院长（右一）在旧庄国小给水设备竣工典礼中合影

一九六八年，刘真先生赴欧洲考察，上图摄伦敦唐宁街10号英国首相官邸；下图为莎士比亚故居附近湖滨

一九八三年三月，“教育部”成立“学制改革研究小组”，聘请刘真先生（中立者）为委员兼召集人。翌年“学制改革方案”定稿后，“教育部”朱部长汇森（右三）与刘真先生及全体委员于“教育部”大门前合影

一九八五年，刘真先生伉俪与谢“副总统”东闵（右一）合影

一九八七年九月，日月潭教师会馆活动中心落成，教育厅长陈倬民先生特命名为“白如楼”，藉示饮水思源之意

一九八九年九月廿八日，刘真先生在“总统府”中枢纪念大成至圣先师孔子诞辰典礼中，讲述“对纪念孔子诞辰的省思”

一九八九年六月五日，台湾师范大学校长梁尚勇代表“教育部”，赠与刘真先生名誉教育学博士学位证书

一九九〇年十一月廿五日，台湾中国语文学会理事长刘真先生以“学术纪念奖章”赠与旅美作家谢冰莹女士

中山学术文化基金会于一九九二年八月三日举行第五十五次董事会议，由董事长刘真先生（中立者）主持，左为副董事长谢东闵先生，右为副董事孔德成先生

该会于同年十一月十日举行学术著作及文艺创作赠奖典礼，会后董事长刘真先生与赠奖人谢东闵先生（右二）、获奖人涂怀莹先生（左一）及来宾《中央日报》社长石永贵先生（右一）合影

刘真先生家居照

一九七六年五月，刘真先生伉俪
摄于景美女中校园

一九八七年五月日刘真先生伉俪金婚纪念，与长子肖孔（后左）、次子捷生（后中）、女儿凯音（后右）合影

刘真先生与主访人合影

访　　问：胡国台（中研院近代史研究所副研究员）

纪　　录：郭玮玮（政治大学边疆研究所毕业）

访问时间：一九八九年六月到一九九二年三月

访问地点：台北市南海路教育资料馆

一、忠恕传家

在中国古老的农村社会里，儒家思想中有关做人做事的道理，一直在无形中影响着许多人的行为举止，特别是“忠恕之道”更是许多人一生所奉行的行为准则。我的祖父一生熟读四书五经，对“忠恕之道”更有着深刻的见解，故而将父亲取名为恕三，字子忠，希望“忠恕”两字能成为我家传统的家风。父亲耳濡目染之余，也深受儒家思想的熏陶，并认为教育是一种最清高的职业。所以在优级师范学堂毕业后，便在家乡创办一所小学，其后他对教育工作的热忱几乎到了狂热的地步。当时并无所谓的政府补助经费，完全是依靠庙产来支持的。当学校经费短绌之时，父亲就会变卖家中私产来维持学校开支。父亲同时也是一位虔诚的天主教徒，经常向乡人传布教义。我可以说是在一个充满着教育热忱与宗教虔诚的气氛中成长的。父亲曾数度当选为安徽省凤台县教育会会长和被派为劝学所所长，但都坚拒不就，因为他觉得一旦和官府接近便不够清高了。不仅父亲一生不愿和官府打交道，一般乡下人也是如此，他们怕的是上衙门打官司，宁可私下和解，大事化小，小事化无。

乡下人生活单纯，日出而作，日入而息，凿井而饮，耕田而食，民国初年的农村社会环境大抵都是如此。

我的母亲是陆筱亭先生的次女，贤淑温厚，略识文字。外祖父筱亭公是拔贡出身，在县内颇负声誉，并且精研歧黄，除设塾授课之外，更以医术造福乡里。父亲和母亲的婚姻也算得上是门当户对了。民国二年阴历十月十七日（阳历十一月十四日），我出生于安徽省凤台县西北的刘家楼。凤台县位于淝河与淮河两条水域之间，春秋时代名为下蔡，清雍正十一年始由寿州划出，单独设治。因为设县之后一直没有修筑城垣，市区俨如普通乡镇，故县民惯称县府所在地为下蔡街。由于交通不便，再加上风气闭塞，在安徽省所辖的六十余县中，算是最偏远的一个小县。可是这个荒僻的小镇却是中国历史上有名的淝水之战发生的地点，如果东晋没有这场战役，也许凤台这个县名早就被人遗忘了。凤台县在历史上似乎没有出过什么声名显赫的人物，但我们的邻县，诸如颖上、蒙城、定远、合肥，就曾经分别出现管仲、庄周、包拯、李鸿章、刘铭传等著名的历史人物。

大抵说来，乡村儿童读书较晚，入小学的年龄多为八岁。我则因为家庭的关系，未满七岁即入学就读，但学校呈报给政府的学生名册，仍将我的年龄写成八岁，民国元年出生，所以我在各级学校的毕业证书上均写为民国元年生。民国三十七年，我回南京出席立法院会议时，在台北的家人为我办理身分证，户政人员将我的出生年月日误写成民国元年十月十八日，因而以后国内外所出版的名人录里，都将我的出生年月日记载为民国元年十月十八日。由此可见很多人的传记对于生年这一项，常有不同的记载，甚至还有人详加考证之后，仍然不能获致定论，除非当事人亲自说明，恐将永远莫衷一是了。幼年时期的我，受到母亲的严格管教，并叮咛我要记牢下列四点：（一）不说谎，（二）不骂人，（三）不打架，（四）不赌博；也要我背诵一些儒家名言，至今我依然深记于心，仍能朗朗上口，未曾遗忘。

二、父兼师职

一个身为父亲的人，对子女的教育工作自负有重要的责任，所谓的庭训便是指父教而言。我的父亲是对我一生影响最大的亲人，也是影响我最深的一位老师。民国八年春，我入毓秀小学就读，父亲虽是学校创办人，但也同时担任校长和教师的职务，国文和修身科由他讲授，所以，也算我最早的启蒙老师。

父亲是以庙产创办毓秀小学，当时以庙产兴学是很通行的办法。由于父亲是新式师范学堂毕业，颇富地方声望，我家又薄有田产，才能支助学校办学。毓秀小学所招收的对象以同宗的族人子弟为主，上学六年都不收学费，如果碰到庙产收成不佳时，父亲就变卖私产支持学校的开支。毓秀小学的学生一共大约有五、六十人，女生很少，顶多只占学生总额的十分之一，这是因为只有比较开明的家长，才肯让他们的女儿念书。同学都是族人，彼此也多系亲戚，学生成分单纯，大家相处颇为融洽。我们使用的教科书都是远从上海寄过来的，教师的薪资大约一年有几十块银圆，平常上课都是采单级复式——同一班中有不同年级的学生，混合上课。族人们也都很敬重父亲，不干涉学校事务。所有学科中以国文、修身、算术三科最为重要。

当时的国文教材，父亲是采用商务印书馆所出版的教科书。我还记得民国八年春季开学时，国文第一课是“人、手、足、刀、尺”，第二课是“天、地、日、月”，第三课是“父、母、男、女”。其后，国内因受美国教育的影响，为注重儿童的学习兴趣，将国文课第一课改成了“大狗叫、小狗跳”，这点和中国的传统教育特重伦理和“以人为本”的思想是不同的。究竟国民教育是该注重生活伦理道德抑或注重儿童学习兴趣，并以之做为教材的取舍，实在是很值得商榷的。

父亲所教授的国文，首重背诵，次为作文。以今日儿童心理学家的意见而言，皆认为背诵有违儿童心理发展，但据我自身的体验，不论是学中、外语文科目，背诵都是最佳的入门之道。因为幼年时记忆力强，凡能背诵之文，大都可以终身不忘。此外，每周要作文两篇，老师批改后还要再誊录一遍。每天均须写大楷、小楷以练习书法，培养心性。父亲虽然对学生管教严格，但绝不体罚学生。他要我们背诵课文，由于内容颇富文学意味，很多文句又都是押韵的，背诵起来并不困难。修身科则侧重论述做人的道理，其中以孝道最为重要。父亲讲课时，是以叙述故事为主，例如“黄香温席”、“孔融让梨”等发人深省的故事，而不是一味的说教。他常讲解《孝经》一书的要义，所以对于学童的品德教育，更特别强调“孝”。

父亲也鼓励我看一些有益身心的课外读物，如诸葛亮的训子文、曾国藩的家书、朱伯庐的治家格言等，都是他指定我必须熟读的课外读物。平时，他也强调立志的重要性，自古以来，中国的思想家莫不劝人立志，只可惜现今的教育已经忽略了这点。父亲常举孔子、孟子、朱熹、王阳明、曾文正公等人有关立志的嘉言，鼓励我要及早立志，而我也就在父亲的影响下，选择了作教师为我终身的志向。父亲常说：立志并不是一定要立什么大志，最重要的乃是要能做好人、做好事，并能贡献所学于社会。

父亲有着深厚的中华文化修养，一生尽心尽力办理“毓秀小学”。在记忆中，有一位西洋传教士常来我家做客，父亲亦认为宗教能鼓励人向善，以后，就受洗成为天主教徒。父亲原来打算在家兄大学毕业之后，能教书赚钱供我继续深造，孰知哥哥教书不到几年便患了肺病，只得辞职在家中养病。父亲希望我能成为一个传教士，可惜当地没有培养传教士的教育机构，所以无法达成父亲的愿望，而只能以教育工作为终身职业了。

三、在战乱年代中成长

民国十四年我自毓秀小学毕业后，便进入寿县初中就读。我的青少年时期正值北洋军阀当权，内乱不息。而军阀势力下的各省省长、省议员则是互相勾结，割据一方。省以下的地方官吏更与土豪劣绅狼狈为奸，鱼肉人民，以致农村凋敝，盗贼四起。尤其在每年阴历六、七月间，皖北一带遍地高粱，宛如青纱帐一般，小股匪徒藏身其中，入夜则出外抢劫绑票。地方并无保警人员维持治安，乡民为求生命安全，惟有购买枪械自卫，一枝枪大约售价一百块银元，而且必须远至上海购买。无力购买枪械的民众，只好凭藉红缨枪等传统武器，抵御盗匪。由于土匪出没无常，居民往往一夕数惊。有一晚，我们村里风闻土匪将至，我随着父母“跑土匪”，逃到邻村躲避，那种经验，至今回想起来犹有余悸。

我就读寿县初中时，皖北、豫东、鲁南一带不断发生战乱，当地的公私立中学，都是上课的时间少，停课的时间多。时局不靖，对我们这些正在求学的青少年影响实在太大了。到后来，只要听到有学校开课就去上学，也不拘是哪一所学校了，所以我的初中学业是分别在寿县中学和私立含美中学完成的。在学校停课期间，父亲曾一度送我到私塾就读，要我打下一点国学的基础。当时我们的国文教材已改成语体文，但在社会上，使用文言文的机会还是很多，再加上父亲对新编的语体文国文教材颇不满意，所以才决定送我到私塾，再读一些古代典籍。我认为中国老式私塾最大的特色之一，可以说是做到了“因材施教”，私塾里的学生年龄差距颇大，塾师必须按各人程度实施个别教学。我念的这所私塾，是由清末贡生徐紫绶先生主持。徐老先生曾在外省当过县知事（即今之县长），年老还乡，设塾授徒。我在私塾一年中，四书五经中的重要部分如《论语》、《孟子》、《大学》、《中庸》、《诗经》、《左傅》、《礼记》等均曾读过。有些是老先生单独为我讲解，有些则是随同程度较高的同学一起听讲。我因资质尚佳，所以进度颇快，除了上述既定课程之外，我还读了《唐诗三百首》、《白香词谱》等。每周的作业是作文两篇及作一首诗或填一阕词。

在私塾读了一年后，父亲认为我还是应继续完成正规的学校教育，所以当原来就读的初中恢复上课后，我便离开私塾回到初中读书了。但由于受到战争的影响，学校既无法按行事历来排一切教学活动，又无法拘束学生，所以学生都是来去自如。由于我是通学生，经常徒步上学，有课上的时候便住在学校，吃住都是在学校里解决。伙食费一个月不到二元，早餐大多是稀饭、馒头、花生米和豆腐等，午餐和晚餐则多半是青菜、萝卜。正巧我是“天戒”——天生不喜肉类食物，所有菜肴中最爱吃炒鸡蛋，所以很多同学都喜欢和我同桌吃饭，以便能多吃点肉类食品。学校宿舍设备简陋，只有床铺，连电灯都没有。大约是七、八人一间，天黑下课就回宿舍睡觉，并没有什么课外活动。而在学校停课期间，我只好待在家中自修，这使我真正体会到平日父亲向我说“人贵立志”的重要性。再者，我也的确在所浸淫的古代典籍，如《曾文正公家书》、朱注四书、《林琴南训子文》等书里得到了宝贵的启示，使我能定下心来神交古人，见贤思齐。

在家自修期间，我自己订了一张日课表，早晨起床后，即朗诵经典和古文，而其中四书、《古文观止》、《东莱博议》、《古文辞类纂》等，一定要熟读到能够背诵为止。早饭后，继续熟读四书五经和重要史籍。由于四书有朱熹集注，较易了解，我尚能自修，而五经中的书经和易经，则因涵义深奥，由父亲为我择要讲述。四史和通鉴均属精读范围，须用红笔句读圈点。另外，父亲又聘请名师来为我讲解老子、庄子、淮南子、昭明文选等比较艰深的古文。下午则以习字、作文为主，偶尔也看些杂书。举凡苏东坡、颜真卿、柳公权等书法名家都是我临摹的对象。作文则多为即兴之作，练习属文缀字的能力，送请父亲批改后再誊录一遍，以便随时翻阅，并藉以揣摩父亲修改辞句的用意。晚间灯光暗淡，无法阅读，只好背诵白天所读之书，有时，父亲也会讲些科举掌故给我听，待精神感觉疲倦之时，即行就寝。

除文史科目外，我也不忽略英文、数学的进修，如有不解之处，则由哥哥耐心为我讲解，这就是为什么在战乱期间，我的学业程度尚能达到中学水准的原因。家居生活期间，我的腿部生疮，足足有半年之久。卧病在床，不能行动。乡下中医用草药治疗了半年才好，治疗方法是用棉花沾着烧滚的桐油涂在溃烂伤口上，真是疼痛到了极点。卧病床榻之际，内心所感受到的痛苦和迷惘，实非笔墨所能形容，唯有借着孟子告子篇中的“天将降大任于斯人也，必先苦其心志，劳其筋骨，饿其体肤，空乏其身，行拂乱其所为，所以动心忍性，曾益其所不能”，及富兰克林的名言“饱满的精力能冲破一切障碍”，来聊以自勉。除了定时的作息外，我向上海邮购了一些书刊，如《红楼梦》、《儒林外史》、《西厢记》、《老残游记》、《小说月报》、《创造月刊》及林琴南翻译的小仲马的名著《茶花女》等小说，藉资消遣，在随兴阅读之中也引发了我对新文艺的兴趣，偶尔自己也用语体文试写些小说、短文自娱，这算是我卧病期间很大的收获了。

在乡居自修期间，唯一的休闲活动及娱乐，就算是看野台戏（梆子戏）和听说书（即讲古）。这种野台戏和说书的内容，均以发扬传统伦理道德为主，所以在我的潜意识里，也就自然孕育出“忠奸之辨”与“正邪之分”的价值观。每逢乡村和市集举行庙会或庆典时，我一定会去看野台戏和听说书。看野台戏不需买票，但听说书时，说书者会在最精彩处停板下来，手中拿着帽子向听众收钱。有些比较机伶的听众，就会提前溜走，而我每次一定从头到尾，听到散场，并将父亲给我买零食的钱，放在说书者的帽子里，这种行为看在说书者和一般成年听众的眼里，都觉得是一种不寻常的表现。

回想过去一段战乱的年代中，我能在知识、道德各方面不断地成长，除父兄的循循善诱外，中国古圣先贤的嘉言懿行，也是激励我有决心和恒心能埋头自修的最大动力。我认为一个真正觉得“读书最乐”的人，只要能在青年时期刻苦奋发，先打好语文的基础，并阅读中国古代典籍和吸收西方文化新知，则一分耕耘，必有一分收获。尤其是人文学科方面，凭着个人坚定不移的日积月累的自修功夫，总可有所受益的。而且一个人的境遇常常是很难逆料的，所谓“塞翁失马，焉知非福”，如果我早年没有因腿部生疮，不得不卧病在床，读了若干古代典籍和新旧小说，也许我今天不会有一点国学的根柢和写作的能力。所以处于逆境之中，也不必灰心丧志，倘能逆来顺受，自强不息，反而往往可以得到意外的收获。

四、六年安大生活

民国十七年，北伐完成，政局稍安。民国十八年春天，距我家约有二十里的岳张集小学请我去当代课教员，一学期的薪水是四十银圆。学校里有两位刘老师，我被称为小刘老师，代课一个学期之后，学校就放暑假了，也就是在这个暑假，我决定继续升学。当时安徽省政府主席是方振武，寿县人，所以当时寿县、凤台两县去省政府所在地安庆谋事求官的人极多。我的家乡刘家楼距离凤台县城约有七十里，交通也不方便，都是徒步前往。又正值六、七月间，渴了便喝路旁井水解渴。凤台县城靠近淮河北岸，有小轮船经过，乘小轮船一天可到蚌埠，再搭津浦铁路火车到南京下关，然后改乘航行长江的大轮船到达安庆。我到安庆后，便积极准备考试升学。民国十八年夏季，安庆私立东南中学招生，我考入高中一年级，读了两个月。

同年十月间，安徽大学预科招生，当时的大学学制是预科二年，本科四年，所以一共是六年。预科一年级的程度相当于高中二年级的程度，当时六位东南中学同学相约，以同等学力申请报考安大预科。安大之所以在此时招生，是由于校长调动之故。本来安大校长是由安徽省教育厅厅长程天放先生兼任，此时改请武汉大学副校长王星拱出任。王是安徽怀宁人，曾任北大教授，颇富声望。中国公学副校长杨亮功先生则出任安大文学院院长。由于校长人事上的变动，安大才迟至十月招生。我所报考的是安大的文预科，预科分文科和理科两班，预科毕业后，可以不经考试就直接升入大学的文法和理工学院。报考安大预科的东南中学同学中，只有我一人侥幸录取，自然出乎我的意料之外。因为当时有三百多人报考预科，仅仅录取了十分之一，也就是三十一、二人左右。文预科对国文一科特别重视，入学考试时，除了要写一篇作文以外，尚有国学常识的测验。年轻人阅读课外书籍的并不多，而我则因拜腿疮之赐，于卧病在家期间，自修了不少国学读物，无形中也就增长了不少国学常识，才使我能在国文考试方面的成绩颇佳，侥幸地进入安大文预科。

一般说来，预科学生的程度都很高，所以陈果夫、傅斯年等人都曾主张废止高中改办预科。文预科最注重文史方面的课程，语文方面，除英文外，还有三种外国语（日文、德文、法文）可供学生选修，这三科外国语的老师也都是聘请外国人来担任的。我在安大预科时选修了日文，但又贪多，加选了法文，念了一学期之后，不胜负荷，便将法文退选了，所以日文成为我所读的第二外国语文。预科的教学极为严格，当时录取的三十二名学生中，经过了一学年之后，淘汰了十八名，所以我必须非常用功才能读毕预科升入本科。

在这两年的预科里，我都是住在学校的学生宿舍内，一天到晚埋头读书，毫无娱乐。我动身前往安庆所带的旅费，就是我在岳张集小学代课一学期的四十银圆薪水，家中并未资助我分文。当时全靠着这四十银圆度日，虽然很穷，但我仍很爱买书，伙食费很便宜，由于我是天戒，别的同学的伙食费一个月要四块银圆，我只要付三块就够了。过了一个学期之后，身边所剩余的钱也不多了，可是天无绝人之路，因我曾在安庆的皖报副刊发表过文章，安大隔壁的圣保罗中学国文老师郭让伯看过我的文章，甚表欣赏。因为他本人是圣保罗中学的教务主任兼国文教员，颇有分身乏术之感。有一天他来安大宿舍找我，并表示愿以每个月二十银圆的报酬请我代为批改学生的作文。我的生活就靠着投稿赚来的稿费和批改学生作文的酬金来维持。

我在安大预科时的作息情形大致是：每天早上黎明即起，开始在操场朗诵英文，晚上则多半念些古文，如王充论衡之类的名著。有一天早晨正在操场上读英文时，正巧遇见预科主任邓季萱先生，他说我最用功，并夸奖了一番。学校寒暑假期间，我都留在学校里读书。宿舍是旧式的平房，每一排宿舍称作某一斋，我住的名叫进德斋。我的寝室距离厕所约有二、三百米远，在寒假期间，冬天下雪，同学大多返家，全斋经常只有我一个人住在里面，晚上起床入厕所时，心里实在有点胆怯。

大致说来，在安大预料两年中，完全过着“穷学生”的生活，精神并不十分愉快。因为刚从家乡来到一个陌生的环境，经济又不宽裕；加上学校淘汰率高，深恐程度跟不上别人而埋头苦读，当时可以说完全凭着以往所读过的伟人传记的启示，作为刻苦自励的榜样。及至升入安大本科以后，经济方面已不像以前那样困难了，因为我在教育系里的成绩堪称优异，当时文学院长范寿康、周予同以及教育系教授赵廷为先生都是学术界和上海出版界的闻人，他们来到安大教书时，许多上海的刊物如东方杂志、中学生杂志都请他们写稿。这几位教授认为我的写作能力尚佳，所以有时便将一些文章叫我代写，稿费由我支领，文章发表时则用两人名字，藉示提携之意。有些在中学生杂志（开明书店出版）、申报月刊所发表的文章，则都是用自己一个人的名字。民国二十二年，我二十一岁那年，赵廷为教授叫我翻译一本英文的《新式测验编造法》，则是由我和赵廷为教授共同出名，在开明书店出版。因而我在安大算是小有名气的学生，写文章固然辛苦，但却解决了我的经济问题。到了大三、大四时，我与同班的石裕清女同学，因参加校内一个学术社团的各种活动，逐渐发生感情。她是安徽寿县人，也算是小同乡。她不仅功课好，而且擅长演戏、演讲，又是黄花岗七十二烈士之一的革命先烈石德宽公之女，自谓是一个具有“新思想、旧道德”的女性。所以我在安大的后两年里，精神上至感愉快。

在我就读安大期间，校长先后更动了五次之多，王星拱先生调任为国立武汉大学校长，原武汉大学校长王世杰调升为教育部长。接替王星拱先生的为杨亮功校长。因为当时政局尚未稳定，往往由于省政府的改组，就会使省政府的有关人事也跟着变动。加以安徽又有许多地方派系，如合肥派、桐城派等等。这些地方派系往往利用学生发动学潮，争取安大校长职位。杨亮功先生聘请了不少名教授，很想把安大办好，可是也只做了一年，就辞去校长，转往北京大学教书去了。继任的校长程演生是安徽怀宁人，亦因学潮之故，仅当了一年多校长。接着来的一位是傅铜先生，他早年留学英国，亦为北大知名教授。当时安徽省政府主席是河南人刘镇华，傅铜先生亦为河南人，可能因此才被聘担任安大校长。后来刘镇华调职，卸任安徽省政府主席，傅铜先生也就跟着离职了。最后一位校长是李顺卿先生，原任北师大教务长，担任安大校长不久，即因抗日战起，安大便停办了。安大校长不断变动，多半是受政治与地方派系的影响。安大是一个学风纯朴、小型的省立大学，在民国十八年至二十六年之间，中国的若干大学常闹学潮，但由于安庆并非通都大邑，很少受到京沪平津学生运动的影响。不过上海“一二八”抗日战事发生时，上海和平津各地大学生纷纷到南京国民政府请愿，安大亦有若干学生响应此一反日爱国运动，自动由安庆前往南京参加。但人数仍较京沪学生为少。

我在安大四年所修的学分大约在一百四十个左右，那时学生都很专心读书，极少缺课，全校学生总数不过五、六百人，各院系都是男多女少。一年级的人数最多，经过逐年的淘汰，到大三、大四时，平均每班只剩学生十七、八名左右。学校的原则是只要有学生选课，人数再少也照常开班。记得外语系的林廷对同学，安徽怀远人，和我同住一个宿舍，四年级只有他一个人，他如因事请假，教授便不必来上课了。那时大学教室绝对开放，外人也可自由的来校旁听。课程中也有军训课，每个礼拜两小时，教官除了教课以外，并不兼管训导之事。政党活动虽然也有，但多属秘密性质，不似今日之明显。他们只是和学生建立关系，拉人入党，并没有从事什么特殊活动。十八年底，有一同学赵如阔，因参加共党活动，而被请到情治单位问话，后来他在报纸上登报自首，被情治单位吸收过来，从事反共的工作。大学第四年，须作毕业论文一篇，及格后，始能毕业，我认为此项规定，可使学生（尤其是文法科学生）养成搜集资料的方法，提高写作的能力。目前一般大学，似应继续实施。

我在学校的课外活动方面，只参加了像教育学会、晓风文艺社等纯学术性社团。对学校以外的事，一概不感兴趣。由于太过用功，有一天早晨吐痰时，发现痰里有血丝，去看校医的结果，幸好证实不是罹患肺病。为了要锻炼身体，从那天起，我一大早就去学校附近菱湖公园散步，平日也吃鱼肝油，大约过了一年，健康才逐渐恢复。在这期间，我还写过一篇《爱的冲突》一万多字的小说，发表在晓风文艺月刊上。

当时学生大多住在学校宿舍，不必缴费，只需缴伙食费。安大的教授多聘自外地，所以教授们也多半赁屋居住在学校附近，常常可以见面，学生如果有意拜访师长，一定都能找得到人。学生平日除了上课外，课外活动也只是打乒乓球、篮球和跑步这几项运动。由于我个人对文学比较有兴趣，得知英语系系主任朱湘，是新月派的著名诗人，所以常去旁听他的课。给我印象最深刻的则是国文系的姚永朴先生，时已八十二高龄，曾任北大教授，字仲实，他是桐城派的最后一位大师，国学造诣很深，讲课时，能随口朗诵所授课文，讲得又很精彩，很使人感动。其他像周予同、赵廷为等几位教授都没有出国留学过，但是他们的学术造诣都是很深的。毕竟学问比学位更重要，没有学问空有学位，是不会受到学生欢迎的。一般教授平常授课时，大都自编讲义，如果国文根基不好，则所编的讲义便达不到应有的水准。当时大学预科和本科一年级，设有“人生哲学”和“伦理学”两门课程，我觉得这两门课对我一生影响最大，使我在立身处世方面，获得很多启示。当时安大的文学院长周予同和教育系教授赵廷为都常常鼓励我写文章，由他们介绍到上海出版的杂志上发表，也可以说从那时起，便使我对“写作”产生浓厚的兴趣。

五、赴日留学

民国二十四年夏，我自安大毕业。由于石裕清同学早有出国深造的计划，并已获得政府的公费留学奖学金，不久即赴日本进入东京文理科大学。我在她出国后，随亦相继赴日，考入东京高等师范教育研究所，主修心理学。高师的入学考试颇为严格，一定先要通过语文能力的测验，当时虽勉强通过此项测验，但仍感日文和日语程度不够，便在日人寺中猪介先生家中补习日文日语。

我初到日本时，经济状况仍甚拮据，全靠向上海各报刊投稿，获得一些稿费来维持生活。当时我国驻日大使是许世英（字静仁）先生，民国十四年曾任段祺瑞政府的内阁总理。这时他已经六十几岁，又非国民党党员，当时的国民政府之所以请他出任驻日大使，我想是因为他在北洋政府时期，曾和一些日本的政要颇多旧识，可藉他在国内政界的声望以及和日本外交界的关系，来缓和一下日本侵华的军事行动。

当时，驻日大使馆一等秘书孙伯醇先生，和裕清有亲戚关系，都是安徽省寿县人。他告诉我大使馆武官处，有两位武官想聘请国学造诣较好的留日学生，来教他们的子女研读四书。孙秘书希望我能担任此项家教工作，经我同意后，于是我便在每周六下午搭电车到周武官和谭武官两家为他们的子女讲授《论语》、《孟子》。每家各教一个半钟头，每个月可以得到六十元日币的收入。

民国二十六年五月三十日，我和石裕清同学在东京高师校友会的茗溪会馆举行结婚典礼，女傧相是易希道女士的妹妹，也是同时在东京留学的学生，牵纱的花童是孙伯醇先生的次女孙知微。一九五七年，我任职于台湾省教育厅时，有一天，有两位圣心会修女前来看我，想在台北办一所中学，我认为台北县八里地区风景不错，该处也正需要一所女校，她们接受了我的建议，便决定在八里创立了圣心女中，而该校的创办人就是这两位修女之一的孙知微女士，也就是当年我在日本结婚时，在我们典礼上牵纱的花童。

结婚之后，我们在高师附近的白山御殿町，租了一栋日式的二层楼房居住，房东对我们很客气，住处隔一条马路就是东京帝大的植物园，环境清幽，交通便利。而且日本的治安良好，出门时，根本不必上锁，可说是“夜不闭户，路不拾遗”，日本健全的警察制度，对社会秩序的维护，实在有极大的贡献。中国自日本向中国提出苛毒的二十一条条款后，一般中国人都有仇日的倾向，国内也曾有过几次剧烈的抵制日货运动。而我之所以选择留学日本，不外是由于日本生活费便宜，距离中国很近，加以石裕清同学已先往日本留学，更使我希望到日本后能有与她更多聚会的机会。

日本是已步入政党政治的国家，每次内阁改组时，日本各大报都会做预测，所做的预测也很准，这表示日本政治已很上轨道，很少有什么政治人物是突然窜起的。重要的政治家多半是东京帝大的毕业生。日本的工业以造船最为重要，他们的工业大多属于企业性经营。社会方面，宗教的力量很大，尤以佛教影响最为深远。日人并不重视外国的学位，和法国一样，获得本国的博士学位，才会受到社会的肯定。留日期间，我和一般日本同学并没有什么深厚的友谊，大家也不互相来往，这大概和我不喜交际的个性有关吧！日本学生大都非常用功，搭乘电车时，只要有位子可坐，一定捧书阅读。日本在明治维新以前，非常重视中国的儒家思想，但在维新之后，就转以西洋科技为重了。

自日本政府决定侵华行动后，就不断灌输日本小学生一个观念：满洲、台湾都是日本的领土。日本人几乎每家都订有报纸，而日本几家财阀所控制的大报社，也都站在政府立场讲话，控制舆论，七七卢沟桥事变发生后，日本报纸都以“支那应惩”为大标题，激发日人反华的情绪，东京街头常有一群人喊出这种口号，表示对日本军人到中国作战的支持。当时我国在日本的台湾学生，大都住在“高砂寮”，但大陆去的留学生则可随意居住。日本人很希望我们这批留学生成为亲日分子，以有助于他们消灭中国的计划。民国二十六年七月七日，抗战正式爆发后，日本政府宣称三个月即可征服中国；而一般留日学生，则认为战事也许不至于全面扩大，所以都没有立即返国的计划，直到蒋委员长在庐山发表谈话后，才知道政府长期抗战的决心。我最初因怕受到日本浪人的骚扰，先搬到孙伯醇先生家中住了几星期，以后看到国内的报纸，了解政府抗日的国策，便决定离日返国了。

六、七七事变后投身抗日行列

民国二十六年九月，我和内人自横滨搭乘俄国邮轮返国，由于上海已经发生战事，船只无法登岸，所以轮船便绕道香港停泊，在香港住了数日，便转往广州。和我们一起搭船回国的留学生很多，因为留日学生中有很多是广州人，所以在广州时他们便带我们去参观黄花岗七十二烈士墓，我和内人特到墓前向先岳石德宽公献花祭拜并摄影留念。又顺便参观了一下中山大学。离开广州后，在粤汉铁路的火车上，看到中央宣传部一篇文告，希望留日归国学生能参加抗战工作并到南京登记。我看到了此篇公告，遂和裕清决定在抵达武昌后，即乘长江轮船先往安庆省视岳母，接着便赶往南京中宣部所设的一个单位，办理规定的手续参加抗战工作。当时到南京登记的留日学生约有五百余人，其中素质颇为不齐。有曾任大学教授在日进修者，亦有高中毕业就赴日留学者。只因政府急需接待战俘与军中翻译的人才，这两种工作都要通晓日文、日语，所以只要是留日归国学生，政府都一律欢迎。但由于留日学生程度不齐，又难保是否忠贞爱国，而且留学生离国太久，对国内情况多不了解，经征得我们的同意后，安排参加两周的讲习。最初讲习的地点在孝陵卫，由陈立夫先生担任讲习班的班主任，旋因淞沪国军后撤，南京空袭频繁，讲习会两个礼拜尚未结束，我们就移往庐山军官训练团旧址海会寺了。蒋委员长也曾亲自来庐山海会寺向我们讲话，说明这一场抗日战争，在短期内不会结束，那时日军逐渐迫近武汉，我们又从江西庐山迁往湖北江陵。正巧有一个军官特训班也在江陵，班主任为康泽，于是我们这个原系短期讲习性质的团体忽然变成为“留日学生训练班”，并就近由康泽兼任班主任了。

抗战开始时，国共合作一致抗日，军事委员会政治部部长是陈诚（辞修），副部长是代表共党的周恩来，郭沫若任第三厅厅长，主管文宣事宜。当时很多中共党员和亲共人士，也在政治部工作，如郁达夫、邓颖超、田汉等人，都被聘为政治部设计委员。那时有几位留日班同学写信给郭沫若，表示留日训练班的训练时间，由最初宣布的两周讲习，一再搬家，竟而延长至八个月之久，俨如坐监牢一般，全体同学对政府极为不满，另外也有同学直接写信给陈部长，表达此意。不久，陈部长了解这个班的情形后，就决定于两周内结业。这个讲习班从二十六年十月至二十七年五月，长达八个月之久。而黄埔军校第一、二期受训时间也不过只有三至六个月。留日班结业的约有三百余人，后来有不少担任重要党政工作者，如张宝树、高化臣、袁雍、吴玉良等，在各方面都有很大的贡献。

留日班结业后，依照受训成绩分派工作，我和裕清一起被分派到三民主义青年团中央团部服务。其他大部分都分发到部队中担任政治工作，在抗日八年期间，也牺牲了不少。三青团的团长是蒋中正，书记长是陈诚，陈氏当时还兼任中央训练团教育长、中央训练委员会主任委员、湖北省政府主席、第六战区司令长官、武汉卫戍总司令等职务。三青团中央团部和政治部的办公室只隔着一条马路。陈辞公（诚）因身兼湖北省政府主席，对教育工作也有他自己的看法。决定实施计划教育与公费制度，为使战地中等以上学校学生能迁至安全地区上课，所有省立中学联合设立，由主席兼任校长，在鄂西、鄂北等地设立分校，学生一律由政府发给公费。其他各省流亡至湖北省中学就读者，亦可享有公费待遇。我当时写了一篇《湖北中学联合设立之教育意义》的文章在《扫荡报》上发表，辞公在鄂南崇阳指挥所看到我的文章后，便电知汉口郭忏将军转《扫荡报》毕修刁社长找我前去晤谈，并请湖北省政府民政厅长暂代主席的严立三先生邀我一同前往崇阳。

在崇阳待了一个星期左右，辞公决定要我担任他的侍从秘书，并由他打电报给三青团代书记长朱家骅先生，把我由团部调过来。于是我开始了抗战时期的戎幕生活。侍从秘书并无固定的业务，但却什么都要做，除了陪辞公巡视各地外，经常还要拆阅一些机密文件，撰写讲词文稿以及接见一些不甚重要的访客等。这对素无政治兴趣的我而言，实在是一项很大的考验。

长沙大火

民国二十七年十一月，陈辞公时任第九战区司令长官，指挥所设在湖南平江，指挥所主任是张发奎。十一月十二日晚上，我随同陈长官前往指挥所巡视完毕后，就回长沙南门外的小扫帚塘第九战区副官处长张亮基的家中暂住。我睡在陈长官的隔壁房间里，我当时年轻，睡得比较熟，及至次晨一早起来，就远远看到长沙市区四面大火，浓烟密布，不久，长沙警备司令酆悌（字力余，黄埔一期毕业）前来谒见陈长官。他说据报日军已逼近汨罗江，湖南省政府主席张治中为了贯彻中央“焦土抗战”的政策，所以下令纵火，使日军占领长沙后一无所获。陈长官听后，对酆悌说道：“力余兄，就公的方面来说，我是战区司令长官，就私的方面说，你们既然都知道我在此地，为何事先不通知我一声？”酆悌走了不久后，张治中也来看陈长官，陈长官表示此事似应先向委员长请示，不宜贸然作此决定。长沙经过这次大火，整个市容全毁，敌人根本距汨罗江还很遥远，由于情报错误，以致“长沙大火”成为抗战史上的一幕惨剧。后来中央追究责任，酆悌和保安团第二团团长徐崑及长沙警察局局长文重孚均被判处死刑，保安处处长徐权革职查办，张治中的处分只是革职留任，而酆悌、徐崑和文重孚，都成了代罪羔羊。

二十八年十二月，陈辞公一天早上临时决定要去桂林，协助桂林行营主任白崇禧将军指挥桂南会战。同去的李济琛在飞机上便询问陈辞公对于汪精卫逃离重庆，并发表“艳电”主张与日本谈和一事，是否应以军委会政治部部长的身分公开予以驳斥。于是辞公便要我在飞机上代写一稿，交中央社发表。我用的题目是《和平乎？投降乎？》，至桂林下飞机后，辞公便将此文交给桂林行营政治部主任梁寒操先生，第二天全国各大报都刊载了这篇文章。

昆仑战役之后，旋即在柳州机械化学校举行军事会议，由蒋委员长亲自主持。会议于二十九年二月二十三日开始，参加者有白崇禧、张发奎、薛岳、余汉谋、商震等，军事会议闭幕时，蒋委员长宣布：“桂林行营主任白崇禧指挥不力，应予降级；政治部部长陈诚指导无方，应予降级。”白崇禧是当时的行营主任，直接指挥昆仑关战事，作战失败，自应受到处分。辞公系奉蒋委员长之命，临时前往协助，竟然受到同样处分，当然大家感到不解。记得散会时，辞公与张治中（时任侍从室第一处主任）一同步出会场，张治中曾低声安慰辞公说：“你这次陪榜，我想完全是委座怕使健生（白崇禧号）心里难过，大家都非常了解的。”辞公对张治中的话，只是会心一笑，因为白崇禧是桂系首脑人物，辞公则为蒋公中央军的嫡系，如果仅是白崇禧受到处分，会增加桂系对中央的不满。

我生性淡泊，无意仕途。在抗战期间，国共合作，陈辞公任政治部部长，周恩来任副部长，我因系辞公的侍从秘书，办公室便在部长与副部长两人之间的一个小房间里，经常与周恩来有接触的机会，周待人亲切，思虑周密，公开讲演，尤富煽动力。中共之能席卷大陆，在短期内夺得政权，并一直维系到现在，周恩来才系一位关键人物。他一生纵横捭阖，能屈能伸，在毛泽东那种喜怒无常，唯我独尊的帝王式的领导下，竟能不像刘少奇、林彪等之惨遭斗争清算，并得寿终于北平协和医院。不仅其本人一生在政治舞台上表演得有声有色，而且大陆上一般民众均对其崇拜有加。有一次“我国驻教廷大使”陈之迈对我说，周恩来实在可称为一位“政治巫术家”，我觉得陈之迈对于周的评语可谓颇为恰当。

七、抗战时期的中央训练团

中央训练团总团部设在重庆，总裁兼任团长，陈辞公是教育长。陈后来又被升为副团长兼教育长，及至陈调往第六战区担任战区司令长官兼湖北省主席时，就由王东原来担任教育长。训练对象是国民党中央到地方的各级干部，我在陈辞公当教育长期间，担任中训团的主任秘书。民国三十二年左右，经国先生是赣南行政督察专员，他也曾来团参加训练，并共同摄影留念。

中央训练团隶属于中央党部的中央训练委员会（地位与中央组织部相等），主任委员也是辞公。总裁对中央训练团非常重视，每星期一的纪念周，均亲自主持，辞公因系教育长，每天清晨均由市区乘车前往渝郊的复兴关（原名浮图关）主持训练团的升旗典礼，并对学员讲话。训练团设有各种训练班，各班受训时间不一，从一个月到六个月。

训练团的教育宗旨是偏重于精神思想方面的训练，行政技术还在其次。受训学员都是地方负实际责任的干部。例如，第一期党政训练班受训的学员中，就有当时担任四川省教育厅长的杨廉。杨氏毕业于北大教育系，亦曾留学美国，四川安岳人，颇受北大校长蒋梦麟的器重。留学回国后曾在北大教过书。民国二十四年担任安徽省教育厅长时，他决定将全省的中学学生会考考卷由教育厅统一印发，以便节省费用，但别人却说他图利贪污，可能由于经办的事务人员从中舞弊，被人检举属实，以致发生轩然大波，当时安庆的皖报，还登出一篇显著的新闻，标题是《杨廉不廉》。抗战时期，他也来受训。正在党政训练班第一期训练中，陈辞公有一天早上升旗时，特向学员们宣布：政府决心整顿政治风气，四川省教育厅长杨廉因贪污案发，已于昨日枪决了。以前从来没有教育厅长被枪决的事例，杨廉是第一个。这对当时的政府高级官员，的确发生很大的警惕作用。

战时的湖北教育学院

湖北教育学院原为省立，后改为国立湖北师范学院，当时设于鄂西的恩施，第六战区司令长官部及湖北省政府均在此地办公。因陈辞公任六战区司令长官兼湖北省主席，所以我也跟着到了恩施。此时我担任辞公的侍从秘书已有两年多的时间了，因久任文字工作，身心俱疲，颇思改调其他职务。经我向辞公恳切陈述此意后，辞公即嘱物色替人，我乃推荐中央大学经济系毕业的施建生兄接替（建生兄现为经济学名教授，曾任台大法学院院长），当蒙辞公同意，因此我于三十年春季乃改任教育学院教授。这是我第一次教书，开始只担任“教育行政”及“训育原理与实施”两门课程，后又增开“中学教育”及“伦理学”两课程，并负责主持训导工作。所教课程均采编撰讲义事先印发给学生的办法，学生听讲和考试都得到很多方便，颇受学生的欢迎。后来“教育行政”的讲义由重庆中华书局列为“大学用书”刊行问世。另外“伦理学”讲义的一部分，也由正中书局以《儒家伦理思想述要》为书名迅予出版。这两本书以后都销行甚广，实在出我意料之外，亦可谓“功不唐捐”了。三十三年冬，接到辞公自重庆拍来的电报，嘱即辞去教育学院职务，前往重庆随其工作（时辞公由第一战区司令长官调任军政部长）。于是我的教书生活也就此告一段落。

当时湖北教育学院学生只有三百余人，学生全部住宿，师生相处极为融洽，在教学方面，是采取教训合一的原则，特别注重生活教育，我在三年多兼任训导工作期间，按时参加升旗典礼及朝会活动，从未间断。以后我在台湾主持师院及师大校务，将近十年，亦复如此，保持了没有缺席一次的纪录。这也就是在湖北教育学院服务所养成的一种生活习惯。

辞公早年毕业于师范学校，故对教育极为重视，当时教育学院学生的衣、食、住全由省府供给，学生吃军米，盐则由四川运来，所以学生食的方面没有问题，健康还不错。陈辞公此项公费教育政策，曾引起若干省议员的质疑。因为有很多学生并非湖北人，而是从外地流亡到湖北就读的。这是陈辞公在湖北省主席任内重视教育的一些事例。

三民主义青年团训练处及组织处副处长任内的工作

民国二十七年三月二十九日至四月一日，中国国民党在武昌举行临时全国代表大会，决议成立三民主义青年团，由蒋总裁兼任团长，陈辞公为书记长。陈调至湖北后，则由张治中继任。青年团成立的主旨是要发动全国青年参加抗战工作。对日抗战胜利后，陈辞公又再度担任中央团部书记长。当时中央团部设有五个处，第一处管人事，第二处管组织，组织处处长是蒋经国先生，副处长是我，主任秘书则由经国先生的留俄同学（湖北人）俞季虞担任。我原任训练处副处长，处长是何联奎。中央团部人事改组后，由经国先生接任第二处处长，即组织处长，我则改任第二处副处长，我当副处长时尚能自知分际，绝对不管人事与经费。与经国先生相处，颇为融洽。

抗战胜利后，刘建绪出任福建省主席，他打电报给辞公，希望我出任该省的教育厅长。辞公认为闽省政情复杂，不宜前往，辞公遂复电婉谢。

八、当选立法委员与辞去立委的经过

民国三十五年十一月，中央召开国民大会，同月二十五日制定中华民国宪法，并于三十六年一月一日公布，同年十二月二十五日实施。依照宪法规定，各省市应立即开始办理各项选举，分别选出额定的国大代表、立法委员及监察委员。这是实行民主政治的起步，也是受到全国普遍重视的一件大事。

我幼年所生长的家庭，系以教育和宗教为生活的中心，与实际政治，素少关联。所以我从来没有要做民意代表和政府官吏的意愿。对于每天报纸所刊载的有关选举事项的新闻，可以说未曾丝毫加以注意。不料有一天我正在三民主义青年团中央团部办公时，忽然接到贺衷寒先生一个电话，他告诉我吴礼老想找我谈谈，要我尽速到礼老府上去一趟。我当时问贺先生究竟是怎么一回事，贺先生只说见到礼老就知道了。礼老与我素无一面之缘，而他突然要约见我，使我顿时颇有一种“不知所以”的感觉。

贺衷寒先生系中央团部常务干事（相当于中央党部常务委员），奉派担任安徽省区立法委员选举指导委员。他在电话中所说的吴礼老，名忠信，字礼卿，因为他德高望重，大家都尊称他“礼老”。礼老系安徽合肥人，民国纪元前七年毕业于江南武备学堂，旋奉派为第三十五标管带，翌年（民前六年）加入同盟会，在军中从事革命活动。民国元年国父在南京就任临时大总统，即以礼老为首都警察总监（相当于现今之南京市卫戍司令）。其后因陈英士先生之介，与先“总统”蒋公相识。民国五年五月十八日，陈英士先生在上海法租界寓所被暴徒行刺时，礼老为追击暴徒，扰攘间撞落门牙一颗。及陈氏不幸殉国，礼老并襄助蒋公代为治丧。从此礼老一直追随蒋公，参与帷幄，出掌方面，历任安徽、贵州两省主席及蒙藏委员会委员长等要职。蒋公对礼老亦始终礼遇备至。故礼老在我们安徽人心目中，向来被视为一位革命元勋和党国大老。

我在接到贺先生电话后的第二天，即约定时间前往徐府巷一号礼老寓所拜谒。等到用了一些茶点后，礼老便很恳切很直率地向我说：这次中央对安徽立委的选举，要他表示有关候选人提名的意见。他说他的意见很简单，就是要选拔最优秀的青年做民意代表，他因为听到各方面都说我很好，所以特别约我见面一谈。并决定向中央建议，提我为安徽省的立法委员候选人。我由于事前根本不知道他找我来见面的用意，毫无心理准备，自然乍听之下，颇有“难以作答”之感。于是只好很坦诚地向他陈述：我自民国二十四年安大毕业后，便往日本留学和在外省服务。对本省各方面的关系，都不够密切，纵幸被中央提名，恐亦难有当选希望。而且我的年龄太轻，资望甚浅，自知还不具备做最高民意代表的条件。与其将来竞选失败，毋宁放弃提名机会，可是礼老一再劝我不必迟疑，应该把握书生报国的机会。

我与礼老见面两个星期以后，中央便公布了各省市的国大代表及立、监委员候选人名单，我被列入安徽省第一选举区的立委候选人名单之内。在这种情形之下，只有开始做竞选的准备。不久我便再到礼老寓所去看他，请他指示有关竞选方面应行注意的事项。他告诉我在礼貌上，先要到合肥去拜会省府李品仙主席（战后安徽省会由安庆迁至合肥，省主席为一省的选举监督），以后再往立委选区内的各县，看看各机关的首长和桑梓父老。我遵照礼老的指示，数日后便由南京前往合肥。到达的当晚，李主席即在省府设宴款待回省的立委候选人。席间忽有副官入内请李主席离座至隔室接听南京打来的长途电话。待餐后李主席送客时，特将我拉至一旁以耳语告诉我，刚才南京的长途电话乃是礼老打来的。礼老特别关照他，别的候选人他不管，但省府一定要把我选出来。这时李主席轻拍我的肩膀并握手对我低声说：“你放心，我们会尊重礼老的意思，全力支持你！”

当时竞选立法委员的情况，和目前台湾的选举情况完全不同，很少听说有金钱与暴力的介入。每个人能否当选，主要是系于党中央是否提名，地方政府支持的程度，以及个人的声望与形象。我因不仅获得执政党中央的提名，又有吴礼老与李主席的全力支持，加以我是一个纯洁的书生，在地方上也没有政敌，所以在竞选过程中，只有助力而无阻力，民国三十六年底，安徽省立法委员的选举结果公布了。我竟而以高票当选，成为行宪后的第一届立法委员。稍后中央公告全国立委当选人名单，不知系按何种顺序，安徽省排在第一位，而我又以安徽省第一选区第一名的关系，在报纸上刊在全国立委名单的"榜首"，这真是一件令我感到意外的事情。

民国三十七年春我到立法院报到时，我的年龄刚满三十五岁。在当时的立法院内，算是最年轻的立法委员之一。第一届立法院院长的竞选颇为剧烈，最后孙科和陈立夫分别当选为正副院长。我家住南京市的太平路，与立法院相距不远，所有应该参加的各种会议，我总按时出席。当时立法委员虽有若干非执政党党员，但议场内尚能相互尊重，顺利完成法案。即立法委员对政府首长亦从无辱骂与"肢体动作"。所以立法院在社会上，能够树立良好的形象。

民国三十八年一月五日，行政院任命陈诚先生为台湾省政府主席，据我所知，陈辞公当时正在台北市延平南路寓所养病，他突然接到南京的电报时，曾再三恳辞，并复电行政院谓魏道明主席驾轻就熟，省府不必改组，但中央未允所请，陈氏遂就任台湾省政府主席。三十八年一月二十一日，蒋总统宣布引退，由副总统李宗仁代行总统职务。我想可能是蒋总统考虑大陆局势日益恶化，必须以台湾为最后基地，故在引退前，做了这一项重要的人事安排。证以四十多年来的政局演变，以及台湾的安定繁荣，蒋总统的此项人事安排，可以说是最明智的决定。

当时因徐蚌战事失利，京沪局势危急，中央政府由南京迁至广州，旋又由广州迁至重庆，最后更由重庆迁至台湾。在这一段期间，政局动荡，人心惶惑，全国陷于风雨飘摇之中。陈主席就职后，首先提出“人民至上、民生第一”的施政方针，并以全力安定社会秩序，巩固台湾基地。当时由大陆撤退来台的零星部队，分子颇为复杂，陈主席乃决定所有来台的部队，必须通过检查核准后，始能在基隆、高雄港口登陆。三十八年五月，更举办全省户口总清查，其后省府相继公布出入境登记办法，凡申请入境台湾省，须有保人证明其身份，经取得入境证后方能入台。这些办法虽经事先呈报行政院核准，惟当时却有很多人不予支持，尤其若干身在大陆的中央政要反对最力，他们认为台湾省乃系地方政府，并非外国，何能限制本国人出入省境？加以当时中央还任命陈辞公兼台湾省警备总司令（彭孟缉为副总司令），更授权陈主席指挥监督中央驻台各机构，中央党部也指派陈主席兼任台湾省党部主任委员，谢东闵和我都是省党部委员。八月间，行政院又命陈辞公兼任东南军政长官，（管辖地区有江苏、浙江、福建、台湾、海南岛），以便统一事权。陈主席以过去多年的威望，来撑持当时残破的局面，真正是临危受命，鞠躬尽瘁。可是却有少数人以反对出入境办法为话题，在立法院一再提出严厉质询。幸好当时的立法院院长童冠贤与陈主席私谊甚厚，且能体念大局，故在立法院内尚未发生风波。我二月间由台赴南京立法院开会，陈主席特嘱带一私函致童院长，童院长对我表示他绝对支持陈主席，并极赞佩陈主席的魄力与担当。

我在南京立法院开会时，四月六日晚突接台北陈主席电报，嘱即日启程来台。我于是遂由沪搭轮渡海抵达基隆，当乘汽车进入台北市区时，见重要街口马路两旁均有宪警持枪布哨，甚为诧异。当晚至延平南路谒见陈主席时，彼即告以四月六日台大与师院发生学潮，两校学生沿街游行示威，并与宪警冲突。师院系省立，彼已令知该校暂行停课，听候整顿，因我过去担任湖北省立教育学院训导长时，曾处理过一次类似的学潮，可能陈主席认为我系研究教育的，且对处理学潮稍有经验，所以特打电报要我来台处理师院的学潮。

当时省政府的秘书长是浦薛凤先生，他于我见到陈主席的第二天下午，即来电话约我到省政府去一趟。见面后便将陈主席所写的一张便条给我看，上面写着："成立省立师范学院学风整顿委员会，聘刘真先生为主任委员兼院长。"委员中还有黄朝琴、游弥坚、谢东闵等人。我当即向浦秘书长表示，我现任立法委员，担任临时性的学风整顿委员会主任委员没有问题，至于能否兼任院长，恐须先向内政部选举事务委员会请示。浦秘书长说主席即在隔壁办公，你可当面向主席说明。于是我便拿陈辞公的手条请他将"兼院长"改为"兼代院长"，他说谢东闵系教育厅副厅长，他在学潮发生后，坚决请求辞去兼院长的职务，经再三挽留后亦不同意。辞公又说，目前国家局势动荡不安，很多人都急于离开大陆，或远往美国，或滞留香港，大家都认为台湾终将不保，不肯来此撑持危局。所以才想到把我找来，担任此一职务，我乃向辞公坦率陈明，请省府去电行政院内政部正式回文加以解释，立法委员是否可兼任师院院长。那时内政部部长为李汉魂，在广州市办公。陈主席采纳我的意见，嘱先行到师院将学潮平息，另由省府去电内政部请示。四月十日上午，谢东闵先生亲至台北市福州街十一号我的寓所，陪我到师院接事，开始办理学生重新登记注册手续。陈主席原来指示在一个月内，能将师院学潮处理完毕，学校秩序恢复正常，学生继续上课。我当时便认为此次学潮乃系偶发事件，原来煽动学潮的幕后人士，早已脱身离台，所以我对拘留在警备司令部的一部分学生，便负责向警总主管单位保释返校，在两星期内，学校便继续开课，陈主席于学校恢复秩序后，曾亲至师院巡视，对师院同仁予以嘉勉。

行政院内政部很快便电覆省政府说："依据宪法规定，立法委员不得兼任官吏，监察委员不得兼任公职，师范学院院长系聘任职，依法不受限制。"明示我虽系现任立法委员，但师院院长并非官吏，自可兼任师院院长。因此，省政府在接到内政部电文后，便正式聘我担任台湾省立师范学院院长。

一九五三年二月，我应美国政府之邀，赴美考察工业职业教育。因师院与美国宾州州立大学有合作关系，我乃与师院新成立的工业教育系主任顾柏岩同往美国，在宾州大学附近赁屋住了一年，一面在宾州大学从事研究工作，一面至各州考察工业职业教育。在此期间，我在国内所寄来的报纸上，看到有关"立法院"的一则新闻，即有几位"立法委员"提出质询案，认为“立法委员”不应兼任院外职务，他们虽未提出兼职“立委”的姓名，但我看到后内心总觉有点不安。当时兼任院外职务的，就我所知，便有萧铮（兼台湾土地银行董事长）、萨孟武（兼台大法学院院长）、任培道（兼台北女子师范学校校长）等一些“立法委员”。我看过报纸上所刊此项新闻后，经过数日考虑，便决定辞去“立法委员”，专任师院院长。于是便致函“立法院院长”张道藩，表示决定辞去“立委”之意。张院长接到我的信以后，便告知内人劝我不必辞职，若我一辞职，便会影响到所有在外兼职的“立法委员”；另一方面，萨孟武先生也托人向我劝说，希望我由美返国与他见面交换意见后，再决定是否辞去“立委”职务。而国内许多好友，如郭外川（骥）兄更到我家里对内人说，“立法委员”得来不易，这种“金饭碗”何能轻易放弃？何况我以“立委”身分兼任师院院长系经“内政部”解释完全合法，对“立法院”少数委员的质询根本不必理睬。可是内人则向外川兄说明我做人做事的原则，她一向不过问我的事。这样经过两个多月国内外的函电，我终于在一九五三年由“立法院”函知“内政部”同意我辞去“立委”职务。

自民国三十七年春第一届立法院成立后，曾有少数立委如陈立夫（因出任“行政院”政务委员）、黄少谷（因出任“行政院”秘书长）等，因“立委”不得兼任“政府”官吏之规定必须辞去“立委”外，可以说我是第一个非因法令规定而自动辞职的“立法委员”。我之所以坚决辞去“立委”职务，主要因为我对政治素无兴趣，当时之竞选立委完全系受本省长者（吴忠信）之鼓励与支持，其后既同意应聘出任台湾师范学院院长，自应全心全力投入学校行政工作，倘若一面做院长，一面又做“立委”，必然会使社会尤其是师院师生有一种“官学两栖”的印象，如此我何以对学生实行“身教”？近来回想起来，我当时此一决定应该算是很正确的，否则，如果贪恋“立委”的荣衔与待遇，拖延至今，岂不同样被人讥为“老贼”？

在我三十八年四月担任师院院长不久，便有一位在内政部选举事务所服务的朋友告诉我，内政部刚接到我辞立委的文件，问我内政部曾电知台湾省政府表示我兼任师院院长是完全合乎宪法规定的，为何我要辞职？我听了极表诧异，告以我并未去文内政部请辞立委，同时我也将此事报告陈主席，陈主席当即嘱省府主任秘书刘慕曾速电内政部（时在广州办公）查明究系何人冒名伪造文书，并应依法严办，以端政风。我心中当然知道此一请辞文件必是我那一选区未当选的立委候选人所伪造，大概他想以迅雷不及掩耳的方式，蒙蔽内政都，准予递补我的立委职务。可是我向以恕道待人，力劝刘慕曾兄去电内政部说明内情即可，但不必继续查究，结果此事遂不了了之。政治上有些人为争取自己的权益，不惜运用各种卑劣的手段，可谓司空见惯。上述此一冒名伪造文书的事件，只是我担任立委期间的一段插曲，也使我从此对“政治”更加厌恶了。

九、师大校长期间的回忆

民国三十八年四月六日，我正在南京立法院开会，住在中央饭店，突然接获陈辞公自台北打来的电报，嘱我立刻来台。于是，我即离开南京，由上海搭乘中兴轮于四月八日下午抵达基隆。到台北市区时，见街道上均有军警布哨，内心颇感讶异。

我于当日晚上七点半至辞公延平南路寓所谒见，辞公正在与傅斯年、黄朝琴等人商谈如何处理四月六日所发生之学潮问题。据说是有共党职业学生潜至台湾策动学生运动，台大与师院学生在市区进行示威游行，事态极为严重。

当时，省政府的办公室地址，即在今日的“行政院”，师院院长系由教育厅副厅长谢东闵先生兼任。

谢东闵先生于师院发生学潮后，坚辞院长兼职。省政府遂聘我担任师范学院学风整顿委员会主任委员兼代院长，一个月后，学风整顿委员会结束，我乃应聘为师院院长。

我于四月十日由谢东闵先生陪同到校接任院务，当时，约有一百多名师范学院学生因殴打宪警而被捕。记得在我决定接任师院院长前，台大校长傅斯年曾笑着问我，学生既敢殴打宪兵警察，难道你不怕被学生采取无礼行动吗？所以在四月十日接事前，我即向警备副司令彭孟缉表示：千万不可在师院四周布置宪警人员；彭孟缉又为了我的安全，拟派遣宪警暗中护送我上任，我亦表示，这样会给学生一个不良的印象。当时约有一百余名参加游行的师院学生，拘禁在警备司令部，我立即向警总交涉，请即予以释放。我曾向警总负责人说，真正的共党分子，绝不会公开参加游行的。警备总部另外还给我一张名单，上面列有学生与教员数十人，如郭廷以教授等人都在其内。郭教授甫到师院不过数月。我说郭廷以先生曾在国立中央大学任教多年，为中国近代史著名学者，思想绝无问题。后来，省政府决定采取对在校学生重行登记办法。我一本“仁”“恕”的态度，没有解聘一位教职员，没有开革一个学生。经过两个多月的时间，此次轰动一时的“四六学潮”，总算圆满解决。

台湾光复后，师范学院原来并无校地，暂时借用台北高等学校校址来办师院，原台北高等学校则改名为台北省立高级中学。两所学校设在一个校园内，院长同时兼任了高级中学的校长。一九五〇年，因为高级中学的学生不多（只有三十余人），所以就停办了。我到师院后，第一要务就是聘请最好的教授以满足学生的求知欲。像陈大齐、梁实秋、杨亮功、刘季洪、田培林、牟宗三、陈可忠、黄君璧、溥心畬、沙学浚等人都应聘来校任教。师范学院有十个系，我到校后调动了九个系的系主任。我认为系主任最重要，有了好的系主任，才能聘到好的教授。同时，我觉得师院是以培养师资为主，教授除了要有学问外，亦须具有高尚的品德与丰富的教学经验。我请了这些名教授来师院，《中华日报》社社长卢冠群先生（系我留日同学）曾问我:“这些大教授你能伺候得了吗?”我说愈是好的教授愈易相处，因为他们只专心研究和教学，是不会干预校务的。

师院因为没有学生宿舍，学生都散居校外，为解决学生住宿问题，我将台北高中的教室，改建为女生宿舍，另在师院附近盖了男生宿舍。朱家骅先生当时问我为什么要盖宿舍?我说大陆学潮会闹得起来，就是学生与校长接触较少，师生之间缺乏情感，一旦有外人从中煽动挑拨，便发生学生反对校长的事件。此外，我以为欲求学校的安定，必先安定学生的生活，尽力使学生的饮食起居不感困难，这样学校自然会在安定中不断进步。

师院有了学生宿舍后，学生大都住校，我并规定每日清晨住校学生一律须参加升旗典礼与健身活动，也就是在生活中教育学生。我在担任校长期间，没有一天不到校主持升旗典礼，因为，学生能天天看到校长并和校长接触，感情自会建立起来了。

我每天都在学校办公室，寒暑假期间，我也常去学校，任何外人和学校教职员生随时都可以到校长室来见我。现任政大教育系主任黄炳煌，也是当时的师院毕业生，以后获得美国哥伦比亚大学博士，他曾对我说，他还记得他当学生时，到校长室来看我，我当即要他在旁边一张椅子上坐下说话。他说他过去在中小学读书时，每次有事见校长和老师，总是站着面对校长和老师讲话。校长和老师从未让他面对面坐下讲话。这虽是一件小事，但对他却影响甚大。所以，现在他对他的学生也是和我当年对他一样：尊重学生的地位，使彼此有充分交换意见的机会。

一九五〇年春季开学后，有一天，教务处的工友到校长室来，谈到他看见教务处正在缮写一张开除伪造学籍的学生的布告。我听后甚感诧异，立即到教务处查询此事，始知“教育部”有公文到校，指出约有三十多名大陆来台转学生有伪造学籍嫌疑，应予以除名。我看到“教育部”公文后，立刻赶到基隆路“教育部”去见程天放部长，我向他说：这些学生都是经过“教育部”审核过后，才分发到师院来的，如果这批学生学籍有问题，“教育部”先要负责任，而且这些学生在校成绩都不错，无不及格者，如果现在被开除了，叫他们上哪儿去？程天放部长考虑了一下，也觉得“教育部”的命令有些不妥，于是就同意把这一部令收回了。

因为师大以培养中学教师为目的，学生享有公费待遇，故社会上认为不应参加公费留学考试。有一年，师大国文系毕业生万惟英考取了图书馆学的公费留学，而有几位图书馆的从业人员竟未考取，以致引起“立法委员们”提出质询，也有公文到校询及此事，我当即到“教育部”，向张其昀部长表达我的看法。我说：师范生不能参加公费留学考试，师大将来便难招到有志深造的学生，对师资的培育有极大的影响。而且，当时师大毕业学生出国留学人数并不多。我建议师大毕业生考取留学后，可规定必须在学成后立即回国服务。这样在理论上也可说得过去，张部长也是师范出身的，所以他就接受了我的建议。

师院是三十五年仓促筹备设立的，关于学校成立的确实日期，到校最早的一般同事都没有一致的说法。后经检查有关本校设立经过的资料，并向省府调阅以前台湾长官公署时期的档案，详细加以研究考证，才决定以六月五日为师院成立纪念日。同时，于一九五一年六月五日，也就是师院成立后的第五年，才开始举行第一次的校庆纪念。一九五五年师院改为师大，也是选在这一天正式成立的，所以现在每年六月五日就成为师大的校庆纪念日。

师院由于成立历史较短，不仅没有校庆，同样，也没有校训。为指导学生品格修养，树立学校优良校风，一九五一年我特别选定"诚正勤朴"四个字，作为师院的校训。我并曾对此四字向学生加以解释其意义。所谓"诚"就是"不虚伪"、"不欺妄"；"正"就是"不偏私"、"不枉曲"；"勤"就是"不怠惰"、"不因循"；"朴"就是"不奢靡"、"不浮华"。我认为大家如果能做到诚正勤朴，便自然不难实践礼义廉耻的共同校训了。（师院校训释义详见《办学与从政》一书）

一九五〇年八月，师院举行教师节庆祝酒会时，我曾在致词中表示每年八月二十七日的"国定"教师节，正值暑假期中，师生星散，聚会不易，勉强举行庆祝，殊失尊师的本意。恰好在座的有一位对历法极有研究的国文系教授程发轫（旨云）先生，认为政府于二十三年七月公布国历八月二十七日为孔子诞辰（民国三十二年十一月又规定孔子诞辰为教师节），根据历法上的推算是错误的，应该改为国历的九月二十八日。他当时把他的精确的考证向与会的同仁说明以后，请我以师院院长身分向中央建议将孔子诞辰加以改正。可是有些同仁却以兹事体大，不宜冒然建议。我当即向同仁表示，只要考证正确自应向中央建议，至于中央是否同意，那是中央的事。于是会后我便请程发轫、黄建中几位教授草拟一份建议书，用我的名义由师院备文呈请“教育部”核办。其后“教育部”转报“行政院”，“行政院”又约请董作宾、高平子等历法专家开了几次会，大家都认为程发轫先生的考证是正确的，于是“行政院”便提经二五二次院会通过，于一九五二年八月十八日明令公布：以国历九月二十八日为孔子诞辰及教师节。从一九五二年以后，孔子诞辰和教师节便改在九月二十八日举行，我觉得这也是我在师院期间所做的一件极有意义的事。

十、出任台湾省教育厅长

我于民国三十八年四月十日接任台湾师范学院院长，一九五五年六月五日师院改制为师范大学，我又继续担任师大校长。在这一段期间，由于师大教授阵容坚强，学校风气良好，我对师大的未来实在怀有远大的理想。当时师大最大的困难，就是校区面积过小。记得三十八年我一到师院时，便计划将师院由市区迁至大直，因为大直那时还是一片空旷，只有忠烈祠一栋建筑，可是由于省府财政困难，同时有人认为舍弃旧址，另建新校，乃属不急之务，甚至批评我“好大喜功”，因此，这一计划未能实现。

师院迁校计划既不能实现，我乃注意师院附近的土地（当时师院附近尚有很多稻田和空地）。恰巧这时师院对面有片面积几与原来校址大小相等的稻田，里面只稀疏地住了几户农家，我想这块土地若能为师院所有，倒是扩大校地的一个可行办法。于是立刻派人到台北市政府调查地籍，发现这块土地大部分均系公产，仅少数几处属于私产。我认为这块土地的取得对师院未来发展关系极为重大，一定要急速着手进行。不久我便带着公文和地籍到省府向陈主席辞公报告，请求拨用这块土地。辞公看了师院的平面图和请拨的那块土地的位置图并询明有关法令问题后，便在呈文上批了“原则照拨”几个字，交我带回师院按照法定手续申请拨用。这块土地就是现在师大新盖图书馆和综合大楼等建筑的那一大片土地。假使当时我没有注意到这块土地，而省府主席又不是一向重视教育的陈辞公，则这块土地就极可能不属于师大了。因为后来我听说，已有好多机关早在进行谋求这片土地，作为修建办公室和宿舍之用。

以后，我听说金华街台北监狱即将迁移，省政府要把原址出售。于是，我就向省府要求，将其拨给师大，因为那块土地，离师大甚近，可以作为扩充校舍之用。当时省府已原则同意，可是一等到一九五七年八月，我调任教育厅长后，继任者即未再继续积极交涉，以致被政治大学和淡江大学争取去了。目前政大公企中心与淡大的城区部，就是建在这个地方。

一九五七年八月初某日，我突接张其昀部长电话，告以省政府改组，周至柔将军担任省府主席，我将调任教育厅长。我获悉此事后，立即向周主席表示我个人的意愿与兴趣，绝不接受教育厅长职务。可是周主席说这是总裁的意思，要我自己去向总裁说明。八月八日下午，我至阳明山去看陈辞公，他说已知此事，并谓他也不赞成我离开师大，去做教育厅长，他告诉我可写一书面报告向总裁说明，我回师大办公室后即写一报告，亲往中央党部，将报告面交张厉生秘书长。

八月九日，中常会开会，对于我出任教育厅长之事，讨论了一个多钟头。“教育部长”张其昀称赞我办师大的成就，罗家伦也认为我能去最好，周主席则表示省教育厅长人选以我为最佳。接着总裁问：如我不去，尚有何人可胜任此职？陈辞公表示吴兆棠也可以。但总裁不语，最后要大家举手表决，表决结果还是一致同意由我出任教育厅长。当天下午，总裁在阳明山官邸召见，面告台湾教育厅比“教育部”还重要，因为“教育部”只管一个台湾大学，而教育厅除台湾地区（当时高雄市、台北市尚属省辖市）教育外，还兼管金马地区的教育，中央常会既已通过，希即就任新职，不必坚辞。

创立教师福利制度

一九五七年八月十六日，我到南投中兴新村省府所在地宣誓就职，自己则赁居在台中市自治街。

我接任厅长后，即向周主席表示：教育厅首先要做的，就是改善中小学教师待遇。如果中小学教师无法维持最低的物质生活，怎么能要求他们专心教学？周主席很同意我的看法。不过台湾多年以来，有一个不成文的惯例：就是总将“军公教”连在一起；换句话说，如果调整中小学教师待遇，则军人、公务员也会要求加薪，省政府自然无力负担。我即向周主席说，我做多年的师大校长，知道大学教授有研究费一个项目，既然大学教授需要研究费，难道中小学教师就不需要有研究的费用吗？我建议以“研究费”的名义，发给每位中小学教师，每月新台币一百元，等于变相地提高了中小学教师的待遇。当时，小学教师月薪只有三百元，如能增加一百元，无异提高了三分之一的待遇，比同级的公务员待遇还要好一点。周主席认为我的这个构想可以考虑，他说可以成立一个小组，由教育厅长、财政厅长、主计处长、人事处长和省府秘书长参加，并由秘书长召集。不久，我即请秘书长唐纵召集开会，会中财政厅长陈汉平表示：如每月中小学教师加发研究费一百元，全年省府即须增加两千余万元的预算，当时算是一笔相当大的数字。陈厅长表示，如果教育厅可负担一半，财政厅可以同意，并请省府委员会议讨论。小组会议散会后，我回到教育厅与副厅长赖顺生及主计室主任商谈此事，经查教育厅年度结余预算，尚可剩余一千多万，可以作为加发中小学教师研究费之用。于是，我即以电话与陈汉平联系，约定第二天上午九时在财政厅见面。哪知第二天适值台风过境，风雨交加，我由台中市冒着大雨赶到中兴新村财政厅长办公室，陈厅长尚未到厅，等了一个半钟头才见到人，经陈厅长同意后，我就写好了提案，再请唐秘书长和主计、人事两处处长在提案上签名，我又亲到主席办公室，周主席当即批准。我在秘书处将提案印好，提经下午举行的省府委员会会议通过。

台湾有所谓家长会的组织，这是日据时代就有的，由每一学生家长在每一学年缴交台币五元做为家长会费。依照规定，此项家长会费系供充实学校设备与教师福利之用。可是这笔钱往往未按规定使用，只由校长与家长会长决定用途，而家长会长便藉此干预学校校务；尤其很多家长会长并无子女在校就学，仍继续担任家长会长，实在极不合理。于是我决定通知全省中小学，凡无子女在校就读者，即不得任家长会长。并于四十八年四月间成立“台湾省公立中小学教职员福利金筹集管理委员会”的组织，由全省中小学家长会费中提出五分之一，做为福利金之主要来源。当时宜兰县某省议员对于此事反对最力；于是，我亲往宜兰，到议会说明福利会成立的必要，并明确表示：如果宜兰县不同意，就不得收取家长会费，最后他们还是同意了。当时，台湾省的中小学学生人数约在二百万左右，所以，每年大约可筹集七、八百万元做为福利金。

一九五九年，福利会首先举办助学金贷款，凡中、小学之教师、职员、工友子女就读大专院校者，每年均可贷助学金三千元，规定于毕业后，分六年无息偿还。

另外，我又改订教师兼课办法，以往教师兼课限制严格，在同一所学校不得超过四小时，超过时数就不得领取钟点费，所以有许多教师常疲于奔命，在外校兼课。我认为此项规定不合理，也予以取消。此外，更增加了导师职务加给费。

我经常到各县市中、小学视察，发现许多年龄已届退休的老师继续任教，更看见五、六十岁的女老师还在教小学生舞蹈，这些老师是因为退休金太少，不愿退休。可见退休金问题颇为严重。所以，除了政府核给之退休金外，我决定亦按各人服务年资，另由福利会赠与退休补助金，以鼓励年老教师自动申请退休，来促进教育人员的新陈代谢。

有一次，我到省立嘉义中学巡视，遇到很多大陆来台的老师，闲谈中，他们向我表示：因为待遇菲薄，对同事结婚致送礼金，实在是一项很大负担。同时，自己单身在台，倘若一旦不幸病故，更无钱办理丧事。我听到他们的这番话后，觉得这是一件值得重视的问题。待我回到教育厅后，便决定由人事室会同教师福利会订定“省立中等学校教职员婚丧节约互助办法”，此一办法包括结婚互助及丧亡互助两种。结婚互助旨在提倡节约，以消除送礼请客、铺张浪费等积习；丧亡互助旨在推己爱人，惠及孤寡，以发挥教育人员患难相扶持的精神。此项办法实施后，因颇收成效，其他的政府单位，亦多仿行。

兴建教师会馆

福利会另外所做的一件事，就是兴建“教师会馆”。当时，台湾名胜以日月潭最为著名，许多学校师生旅游时，也多前往该处游览。但因为旅舍太贵，难以负担，大都是当天往返，或在日月潭附近、埔里等处学校教室，借宿一宵。所以，我决定选择日月潭为第一所教师会馆兴建的地方。该处原来有一所小学，人数很少，而且又位于涵碧楼右侧，每次“总统”来此度假时，总有一些随行安全人员，在涵碧楼四周警卫。当时南投县长洪樵榕请求教育厅补助一笔专款，将这所小学另迁新址。可是，教育厅也无此预算，我乃与洪县长商量，在该处兴建教师会馆，另由福利会拨款建一新校。并聘请修泽兰女士负责设计。建筑期间，我几乎每个星期都前往巡视。落成之后，“总统”对教师会馆的建筑颇为欣赏，所以，后来要盖阳明山中山楼时，就聘请修泽兰女士为建筑师。

日月潭教师会馆正门两侧，有两座雕像，是杨英风先生的作品，他是师大艺术系的毕业生，在校时成绩极为优异。记得他读三年级时，有一天到校长室来见我，他说学习雕塑与学国画、西画不同，必须有单独的房间作为练习塑造人物的场所，他说艺术系附近第六教授宿舍正空出一个房间，尚无教授居住，希望能把这间空房，作为他练习雕塑之用。我立刻便答应他的要求，准许他使用这间教授宿舍。可是后来总务处知道了，便向我说如果别的学生也援例要求使用教授宿舍，总务处将难以应付，总务处希望我重加考虑，我当时便对总务处的人员说，我们办教育的目的，主要在培养人才，杨英风对雕塑方面既有优良的表现，学校便应尽量帮助他使他能够发挥天赋的潜力。第六宿舍空出的房间，可以暂借给杨英风使用。学校不是政府机关，不能事事都有“通案办理”的观念，如果其他学生像杨英风一样，有其学习上的特殊需要，学校也应尽量予以便利。总务处听了我的这番话，自然就同意杨英风使用这间教授宿舍。后来杨英风从师大初毕业时，经人邀请在台北市新公园内塑了陈纳德将军的铜像，此事颇为老一辈的雕塑家所不悦，因而一时并未获得理想的工作。适巧教师福利会要在日月潭兴建教师会馆，他便到教育厅看我，建议在教师会馆雕塑象征日月二神的壁雕，后来教师会馆完工后，这两尊壁雕极受好评，所以杨英风常说："没有刘校长，便没有今天的杨英风。"

同样，台中市教师会馆的兴建，也是附带地为省立台中农职解决教职员宿舍的困难。因为农职在台中市雾峰路原有之教职员宿舍，早已破旧不堪使用；且以地临马路，市声喧嚣，不适私人居住。农职唐校长秉玄曾向教育厅请款觅地另建宿舍，教育厅以预算拮据，未能拨款。嗣因福利会拟在台中市兴建教师会馆，教育厅乃与农职及福利会协商，由福利会拨款为农职觅地另建中农新村一所，农职则将宿舍地址交与福利会使用。福利会以该处交通便利，水电设备装置甚易，认为颇适兴建会馆之用，乃先行拨款与农职修建中农新村。等到新村落成农职教职员迁入后，才动工兴建台中教师会馆。

此外，我当时还决定在台北市、高雄市及花莲县各修建一所教师会馆。高雄市已选定在澄清湖附近，花莲已获得县政府同意拨赠一块地址。台北市则与省立台北师范商妥，比照台中农职办法，由福利会先拨款给北师在和平东路三段该校校区内修建教员宿舍，北师则将位于南海路之旧教员宿舍让给福利会修建教师会馆。可是后来因为教育厅长易人，我这项预定的计划就被搁置了。

直到十年以后，有一次谢东闵先生以台湾省教育会会长身份到国外参加世界教师组织会议，听到与会国际人士盛赞台湾教师福利制度以及日月潭和台中两所教师会馆的建筑，返国后向“政府”当局提及此事，认为台湾教师福利制度正是对国际宣传一项最好的措施，应该继续推动。于是那时的教育厅长才开始决定在台北市南海路我所预定的地址继续兴建台北教师会馆，但是所用的建筑图样却非我当时请修泽兰女士所设计的图样。我原来请修泽兰女士设计的图样，规模要比台中教师会馆更宏伟一点，因为我觉得台北市系目前“中央政府”所在地，如果有一所较具规模的教师会馆，除本省中小学教师外，尚可供招待国际来台的文教界人士及举办各种文教会议之用，但目前所建的台北教师会馆之所以未采取我原来的图样，也许主其事者怕被别人批评为“好大喜功”吧。

一九八七年九月，日月潭教师会馆活动中心大楼落成。台湾省教育厅长陈倬民以台湾教师福利制度系我在教育厅长任内创立，特遵照福利会全体委员会议决议，将活动中心大楼命名为“白如楼”，藉示饮水思源之意，陈厅长并告诉我“白如楼”匾额已请名书法家王壮为书写，我闻知此事后，颇有惶愧交集之感。

初中入学免试常识

在我担任教育厅长期间，有一件颇受争议的措施，那就是初中入学免试“常识”一科。原来小学升初中时，入学考试须考国语、算术、常识三科，我因为当时小学的“恶性补习”极为严重，各级民意代表及学生家长为维护学童健康，均要求教育厅彻底取缔“恶性补习”；我基于教育的观点，也认为初中的入学考试科目不宜太多，如能减少“常识”一科，也是对消除学童课外补习的一种釜底抽薪的办法。于是便与许多教育专家及中小学教师交换意见，并向“教育部”梅部长（贻琦）、浦次长（薛凤）报告此一构想，结果大家都一致表示同意。

教育厅于一九六〇年十月十九日分别函令各县市政府暨省立中小学，规定本省初中、初职于举办五十学年度新生入学试验时免试常识一科，并指示今后应加强督导改进常识一科教学方法。令文中特别说明国民小学高年级常识包括公民、历史、地理、自然等四科，所用教科书计有十六册之多，因初中、初职入学试验规定有常识科目，学生乃不得不死记书本中之人名地名与年代等，内容既异常广泛，机械记忆又最易遗忘，故耗时费力，均较其他学科为多。而一般教师切望学生升学，致对该科教学方法未能依据教学目标，着重启发学生思考，培养正确行为与态度，以及传授有关日常生活之知能，仅采填鸭式方式，强令学生反复背诵书本上之文字，此皆造成国民小学恶性补习之重要原因。

国民小学之国语、算术两科，属于工具学科，常识属于内容学科，初中、初职新生入学试验旨在选择程度较高之学生便于接受中等教育，试验科目自应侧重工具学科能力之测量，故免试常识一科，决不致降低学生程度。且学生升入初中初职后，公民、历史、地理、博物、化学等学科，均须一一从头学起，而国文、数学两科须以其在国小所学习者为基础，两者性质有所不同，故免考常识一科，就中等教育方面而言，亦不违反入学考试之目标。

免试常识一科，在理论上是绝对站得住的。但是为何有些民意代表公开质询？事后方知很多书局因免试常识后，他们所出版的常识补充教材（专供学生补习用书）便销售不出去了。据估计台北市的书局要损失五千余万，台中、台南、高雄等县市书局也要损失两三千万，所以他们便暗中请托各级民意代表出面质询，企图迫使教育厅停止此项措施，当时有少数民意代表故意夸张说取消常识将致“动摇国本”，这样耸人听闻的质询，当然引起各方面的注意。

记得一九六〇年十一月间，我刚由台中回到台北。正在家中晚餐时，忽接“总统府”侍卫长胡炘将军由日月潭涵碧楼打来长途电话，告以“总统”明日中午在涵碧楼约见。我乃于当晚赶至台中。第二天正是星期日，我于上午十一时到达日月潭，当即至涵碧楼谒见“总统”。坐定后，“总统”含笑询及教育厅工作有无困难？我心中暗想“总统”一定是在报上看到民意代表的质询才约我前来有所说明，我于是乃趁此机会将有关教育福利制度的创立，教师会馆的兴建以及免试常识一科的目的分别加以陈述，差不多讲了一个多钟头，“总统”总是耐心细听，在座的只有中央党部秦孝仪副秘书长一人，“总统”听了我的报告后，颇表嘉许，认为这许多措施都极为正确，并留我一起午餐。晚上“总统”并嘱咐胡侍卫长在教师会馆以便餐招待，表示慰勉之意。席间胡侍卫长笑称，他很少见到政府的官员能从容不迫地在“总统”面前直抒己见，“总统”并肯耐心细听一个钟头的。我说，这并非我的报告有什么精彩之处，只是“总统”表示特别关心教育问题而已。

设置教育建设基金

一九六〇年二月二十三日，教育厅向省府委员会议提出设置台湾省教育建设基金办法，经府会通过并决定以新台币三千万元为基金（教厅原案为二千万元，周主席临时决定增为三千万元）。此项建设基金设置的目的，一方面在以贷款方式代替补助，促使学校自谋发展，以减少对“政府”之依赖；一方面藉此鼓励私人捐资兴学，并扶助现有私立学校的发展。其办法系由省政府自一九六〇年起，分三年每年指拨专款三千万元，作为一种循环基金，储存台湾银行，以最低利息贷与本省公私立中等以上学校，藉以配合学校经费（包括“政府”所拨经费、学校所收学杂费及家长会费等），作有计划有重点的扩建校舍或充实设备。此项基金设置以后，教育厅便通知全省公私立中等以上学校，可自行提出修建校舍或充实设备的具体计划，并附具自己所筹配合款的证明书（规定学校必须筹足相等的配合款）申请贷款，一经予以核准，便由教育建设基金管理委员会如数拨付。

此项教育建设基金自一九六〇年下半年开始办理至一九六二年下半年止，共贷出款项计四千三百三十四万元，而受贷学校自筹之配合款共达六千八百九十万元，与贷款总额的比例为百分之一五九，即学校自筹经费超过贷款金达一倍半以上，等于学校为“政府”减少了两倍以上的教育经费的负担。如此长期的循环运用下去，无异“政府”每年增加了一笔很大的教育预算。

创办实用技艺训练中心

我从师大调至教育厅服务后，第一次向省议会提出教育方面的施政报告时，就曾揭橥“改进国民教育”、“发展职业教育”及“充实高等教育”为今后台省教育施政重点。在发展职业教育方面，深感现行职业教育法缺乏弹性，不切实际，乃思如何能不受现行职业教育法令规章之限制，另行开辟一条职业训练之途径。在一九五八年二月间的一次厅务会报中，我特提出“实用技艺训练中心”的名称，并说明名为“训练中心”，即可不受现行职业学校法规之限制；名为“实用技艺”，即指出系训练内容应特重技术而不专重理论。关于“实用技艺训练中心办理之目的及实施办法”，我曾具体地提出我的构想如下：

一、办理目的：(一)招收失学失业青年及成人，授以实用技艺并辅导其就业。(二)训练在职青年及成人，俾能提高其原有技艺之水准。(三)适应各行业从业人员研习各种技艺之需要，以增加其转业之机会。(四)便利家庭妇女学习各种实用技艺，藉以充实其家政知能，改善其家庭生活。(五)授予一般民众以生产技能，俾克从事家庭副业，改善家庭经济。(六)协助一般成人学习有益身心之休闲活动方式，藉以增进个人生活情趣，培养社会优良风气。

二、实施办法：(一)富有弹性，学生不限年龄，不限资格，教师不受学历的限制，不受人事法令的约束。训练时期从一个月起至十二个月不等，视学习所需时间而定。(二)切合需要，社会需要什么就办什么，青年想学什么就教什么。有需要则办起来，不需要就可以停止。(三)建教合作，所有实用技艺训练中心，均由职业学校及中学附设，利用学校原有设备与师资，实施教学。并尽量与生产建设机构合作，他们需要什么人才，就委托实用技艺训练中心办理什么科目，至于科别的设置与课程的内容，更力求配合各行业的需要。

参加厅务会报的各科室主管于听我说明之后，咸认此一构想颇能切合社会实际需要而且极为可行，于是决定即根据我上述意见，拟订试办计划一种，提经省府会议通过并呈报“教育部”备案后实施。

此项实用技艺训练中心自一九五八年二月创办以来，截至一九六二年十一月底止，全省已有中等学校四十余所相继设置。一般青年参加受训者极为踊跃，每年全省各校所附设之训练中心结业学生约在五千名以上，其就业率平均达百分之八十左右，可以算是本省职业与补习教育，另外开辟了一条新的途径。

师范改制专科并将花莲师范迁地重建

自第二次世界大战以后，各国小学教师职前训练，均较二次大战前延长，美国各州多将其程度提高至大学以上。即东南亚各国如菲律宾、泰国、韩国等，亦已将其程度提高至专科或学院。故延长师范教育年限以提高国校师资素质，已成为必然的趋势。

当时本省师范学校共有十所，分布东、南、中、北各地区，在数量上已足敷全省国小所需师资之需要。因此，我到教育厅之初，即决定不再增加师范学校的数量，但在素质方面，我认为一定要设法加以提高。因师范学校招收初中、初职毕业生，肄业三年，毕业时年龄多在十八岁左右，其身心发展尚未成熟，对人情事理亦体验不深；加以在进师范学校以前所受基本教育不够，普通学识较差，毕业后充任国校教师，实难胜任愉快。

一九六〇年四月二十八日，省府会议通过教育厅所提将本省现有师范学校，分期改办为师范专科学校，招收高中、高职毕业生训练两年，或招收初中毕业生训练五年。根据此项决议，教育厅乃先将台中、台北、台南三所师范改为师专，本省的师范教育，从此便步入了一段新的里程。

此外，在全省所有师范学校中，以花莲和台东两所师范基础较差。教育厅为求全省各地区教育的均衡发展，使各师范学校能够齐一水准起见，决定将原在旧市区面积狭小校舍陈旧的花莲师范迁至郊区重新修建了一座全部崭新的校舍；并在破旧的台东师范校园中也增加了不少的建筑和设备。

扩充与改造水产教育

本省四面环海，最适宜发展水产教育。因此，我到教育厅之后，在发展职业教育的计划中，特注重水产教育的扩充与改进。当时本省在水产教育方面，有省立海事专科学校一所，及基隆、高雄与澎湖水产职业学校三所。为积极培养水产技术人才，先于一九五九年又在苏澳滨海地区，增设基隆水产职业学校苏澳分部一所；一九六〇年在安平、东港滨海地区，增设高雄水产职业学校台南分部及东港分部各一所，并计划逐年充实各该分部之设备后，分别予以独立设校。同时鉴于渔捞科为三所水产职校共同设置的基本科别，事实上各校均缺乏新式渔船。

乃于一九五九年指拨专款三百万元及由各水产学校自行向银行贷款一部分，分别建造新式机动渔船四艘，以加强学生实习，提高渔捞技术水准。计基隆水产职校建造“胜利号”一三二吨拖网船一艘，高雄水产职校建造“成功号”一二九吨远洋钓船一艘，澎湖水产职校建造“自立号”与“自强号”三十吨延绳钓船两艘。上述四艘渔船建造后均经常出海作业，每次渔获量甚丰，对增加学校生产收益，裨助亦大。

省立海事专科学校原与基隆水产职校合设于一处，由一个校门出入，两校均极感不便。我到教育厅之后，除为基隆水产职校勘定新的校址兴建新的校舍外，对海事专科学校之建筑与设备，也拨了很多专款，使其内容逐渐充实，以示政府对海事教育的重视。

成立中兴大学及省立屏东农专与台北护理专校

台湾光复之初，曾创立台北师范学院、台中农学院及台南工学院等三所省立独立学院。其后于一九五一年左右，在台北又有由设立未久的省立行政专科学校（原为收容大陆来台青年而设）为基础而成立的省立法商学院。我到教育厅服务时，台北师范学院和台南工学院均已先后改制为大学，故当时在高等教育方面，省立的大专院校仅有大学两所，独立学院两所及台北工业专科与基隆海事专科各一所。

我到教育厅服务以后，鉴于本省公私立大专学校，光复以来增加颇为迅速，惟师资设备及其他条件，均尚欠理想。故我初次向省议会作施政报告时，特提出“充实高等教育”为三大施政重点之一（其余为改进国民教育及发展职业教育）。对省立大专学校的办理方针，是首先注重充实其内容，提高其素质，俾能真正担负研究高深学术与培养专门人才的任务。我认为一个大学必须具备三个主要的条件，即“适当的”教授（自然应该有适当的待遇）、“适当的”学生、和“适当的”设备。所以在我任职教育厅期间，仅就原省立农学院和法商学院的基础，在中部成立一所中兴大学。因为这比单独由一个农学院再新增两个学院凑成一个大学，不仅困难较少，而且也不致因师资设备等条件一时无法充分具备，而降低了高等教育的水准。在教育厅的设校计划上，明定以目前省政府所在地的中兴新村为中兴大学的永久校址，因为大陆光复后，台湾省政府仍将迁回台北市，而所留下的省府办公场所及眷属宿舍即可交与中兴大学使用，使其成为一个最理想的大学城。这也就是我将此一新设大学命名为“中兴大学”的原因。

我虽然主张大学固不必多办，但对专科学校则认为可配合实际需要酌量增加（最好少办大学，多办专科，如为适应青年一般心理倾向，似可设置单科大学）。故我在职期间，除将师范学校改制为师范专科外，并在台中市新设了一所省立体育专科学校，在屏东新设了一所农业专科学校，在台北市将省立高级护理职校改制为护理专科学校。

成立省立体育场及体育专科学校

一九五九年三月，本省中等以上学校运动会在台中市举行，体育界人士谈及本省国民体育之发展，咸认宜将台中市体育场改为省立体育场，以为推行国民体育之中心。因台中市体育场之棒球场、游泳池、篮、排球场及田径场等运动场均连在一起，面积较大，颇具规模，而台中市又居本省之中部，地理位置亦甚为适宜。其后体育界人士江良规、关颂声两先生为促成其事，曾数度自费至台中市勘察市立体育场所属各运动场地，并拟订改为省立后之各项扩建计划，复约同体育界人士向省府周主席陈述此意。嗣经省府征得台中市政府及市议会同意后，江、关两氏乃会同体育界人士向教育厅建议，为培植本省体育人才，应配合台中市体育场之改为省立，在该体育场用地范围内，同时筹设省立体育专科学校一所。一方面可使省立体育场得以妥善管理与充分利用，并节省体专设校经费，一方面可使本省国民体育干部人才之培养与国民体育之实施配合进行。教育厅认为此项建议甚为重要，乃于一九六〇年五月十七日，提请省府委员会议通过将台中市体育场改为省立体育场，并在该场用地范围内同时筹设省立体育专科学校一所。自省立体育场成立以后，教育厅即逐年编列专款整建各运动场地，并在篮球场建筑了一座体育馆，在田径场兴建了一座有屋顶的司令台及部分看台（计划分期完成全部看台）。各项运动器材方面，也大为充实。

教育厅每年举办全省运动会与全省中等以上学校运动会各一次，省府为发展全民体育及促进各县市均兴建一座较为完善的体育场，曾规定省运动会在省立体育场与各县市轮流举行（即每两年在各县市举行一次，中等以上学校运动会亦比照一同办理），如新竹县体育场之兴建，即因举办省运而促成。同时，教育厅为激励全民运动风气，对省运圣火之传递，亦曾作重大改变。以往系从台南市郑成功祠堂点燃后即径行传至省运会场，后改为提前点燃圣火，先经由各县市作环岛传递，最后到省运开幕时始传至省运会场。此项圣火传递方式之改变，各县市民众均热烈欢迎，对发展全民体育甚具影响。

迁建省立台北图书馆与彻底整修博物馆

在省立社教机构中，设于台北市的省立台北图书馆和省立博物馆是两个比较重要的机构。惟日据时期的图书馆房舍（地址在今“总统府”后面左侧，博爱路与宝庆路及长沙街之间），二次大战时全部炸毁，光复后即借用新公园内省立博物馆楼下一层房屋作为馆舍，不仅在行政管理上诸多不便，对两馆的业务发展，亦影响甚大。同时，博物馆因年久失修，破漏不堪使用，于是乃不得不专案呈请省府解决这项拖延多年的问题。一九六二年省府核拨省立博物馆专款四百九十九万元整修省立博物馆馆舍，核拨专款一百八十万元迁建省立台北图书馆。惟台北市区不易觅得适当土地迁建图书馆新馆，教育厅乃特别与省立台北工专商洽，将教育厅拨款所购新生南路左侧该校预定地一部分，借予省立台北图书馆作为建馆之用（即今“中央图书馆”分馆）。这样，拖延多年的博物馆与图书馆合用一幢房舍的问题才得同时解决。

此外，对于民间社教与新闻机构，教育厅也积极予以协助。如促使国语日报成为财团法人，并通令全省国民小学每班订阅一份国语日报，使国语教育能向下扎根。当时其他报社也想援例请教育厅为其推销报纸，教育厅均予婉拒。我曾对他们说，国语日报为政府推行国语文教育，贯彻政府政策，是国语日报帮“政府”的忙，自然政府有责任予以协助，因而其他各报对教育厅的此项决定也颇能谅解了。

济助山东来台青年及抢救金门中学师生

我于一九五七年八月到教育厅任职不久，有一天，孔德成先生和秦德纯先生莅临福州街我的寓所看我。他们希望教育厅对员林实验中学所面临的问题，迅速予以解决，他们告诉我：民国三十八年大陆形势逆转时，山东八所中学学生数千人，追随政府，辗转迁徙，经上海、南京而湖南，最后到达广州，其后又到澎湖。这些学生大部分都参加了军队，年纪尚小的以及女生不能当兵，乃使他们继续接受正规的学校教育，于是成立澎湖防卫司令部子弟学校，其后迁至彰化，改名员林实验中学。名义上虽系“国立”，但学校的经费却大部分由省政府负担。由于权责不清，产生很多问题。孔、秦两先生以山东“大家长”的身分，希望我设法协助解决。

当时员林实验中学的校长为杨展云先生，在山东教育界资历甚深。我和他谈过几次后，才知道这所学校因系临时设立，“政府”并未编列正式预算，以致人事经费，教学设备，以及学生公费等都有很多问题。我为明了该校实际情况，曾亲自前往视察一次，并与该校师生举行座谈。以后我又嘱教育厅科长许伯超与杨校长研商彻底解决办法。据许科长告诉我，除以上几个问题外，员林中学学生的学籍问题，也须加以清理认定。我当即决定此一问题，可授权杨校长负责处理，教育厅不必干预。后来我将教育厅解决员林中学问题的经过，向孔德成、秦德纯两先生加以说明，他们都表示满意。

员林实验中学因系特别为救济山东流亡学生而设，故待至这些学生全部毕业后即行停办。这所临时设置的中学虽为期不长，但在这所学校肄业的学生均能刻苦自励，努力向学，毕业后在国内外著名大学取得高级学位者为数极多。目前有些在教育、学术、财经、行政各部门，都有杰出成就与卓越贡献。有一次我到宏恩医院看病，主治的医师王振湖大夫看到我的病历时，便向我说，他系山东人，员林实验中学毕业后考入国防医学院，曾任三军总医院直肠科主任，他的毕业证书便是我任教育厅长时发给他的，所以至今他还记得我的名字。那天他对我的病看得极为仔细，经过治疗服药后，我的病即行痊愈。俗语说："为善最乐"、"助人为快乐之本"，我当时颇能体会这两句话的道理。

一九五八年八月二十日，陈"副总统"兼院长（诚）于阳明山寓所突以电话约见，我到其寓所后，随即告以据军方情报，中共近日可能有袭击金门企图。嘱我与"国防部副部长"马纪壮联系，尽速于两三日内，将金门中学师生撤退来台，免遭炮火牺牲。陈院长素极重视教育与爱护青年，故作此紧急应变措施。我回教育厅后，便打电话给马纪壮，马副部长告我陈院长已通知他要"国防部"与教育厅密切配合，由"国防部"派专舰至金门载运学生来台，教育厅则负责安置他们继续就学。

因事出仓促，必须当机立断，于是我乃决定指派教育厅的一位科长到基隆，一位科长到高雄，会同当地的教育局长，成立临时工作小组，以便接待金门来台学生。果真三天后，即所谓"八二三金门炮战"便爆发了。因教育厅事先获知金门中学师生及其眷属约有一千五百余人，我已告知这两位负责接待的科长，将这批金门中学的师生分散在交通便捷的省立中学内，不要集中于一个中学。当时福建省政府曾希望金门中学迁至台湾，单独设校，维持原状，如同华侨中学一样，我知省议会决不会为金门中学编列预算，而且金门中学学生分发至台湾著名的省立中学内，更可接受较好的教育。我的这项决定，福建省政府主席戴仲玉亦表赞同。数年后，金门中学在台学生毕业时还特别到教育厅献旗致谢。而这次抢救金门中学学生的应变措施，竟能于三日内金门炮战发生前妥善完成，不仅金门县父老极表感激，而在中央党部一次常会中，“总统”亦深为嘉奖，我并因此事获得“政府”记了一次大功。

我自一九五七年八月十六日由师大校长调任台湾省教育厅长到一九六二年十二月一日辞卸厅长职务，计在教育厅服务共五年三个多月。在此期间，幸蒙“总统”蒋公暨历任“行政院院长”的信任，尤其省府周至柔主席的全力支持，尚能勉力克服种种困难，尽到本身应尽的责任。记得一九六一年的教师节，“总统”在台北市中山堂欢宴全国资深教师时，曾对我“在教育各种设施方面的贡献，特别表示嘉许”。（“中央社”电讯在各报发布）我因须在台中主持全省教师节纪念大会，故每年虽蒙“总统”邀宴，均请假未来台北参加。据当日应邀与会的台大李济教授（国际著名考古学家、中研院院士）亲自对我说，蒋“总统”以元首之尊很少在这种相当隆重的集会中，公开地对一个现任官吏加以奖誉的。这对书生从政而言，可以说是种很大的鼓励。果然数日后，省立成功大学阎振兴校长便写给我下面这样的一封信：

“白如厅长吾兄赐鉴：昨日

“总统”邀宴大中小各校优良教师，与会者百余人，弟亦忝陪末座。

“总统”在席间对吾兄近年主持台省教育卓著成效，备致赞许。

“总统”说教育厅刘厅长很能干，很肯干、有计划、有魄力，寥寥数语，可能为一从政人员所终身不易获致者，今“总统”当从事教育工作者之前公开宣称，足见倚畀之重。此系吾兄之殊遇，弟聆听之下，亦与有荣光焉。忆过去

“总统”对教育措施甚少许可，今独对吾

兄特为称扬，不能不为吾

兄贺，为本省教育前途贺也。专此布闻，敬项

勋安

弟阎振兴拜上九月二十九日”

我听到李济先生亲自对我说的话和看见阎振兴校长给我的信，内心真是感愧交集。以当时省教育厅所具备的条件来推动几乎近于“教育部”所负责的“全国”性的业务，何能谈到有显著的贡献。所以我对“总统”公开嘉奖的话，也只视为一种鞭策而已。

十一、任职“国家安全会议”二十四年

“国家安全会议”系于一九六七年四月成立，因“国民大会”第四次会议增订的“动员戡乱时期临时条款”，授权“总统”设置动员戡乱机构，由“总统”直接主持，其性质与美国国家安全会议并不完全相同。“我国”自一九五四年起，即设有“国防会议”，其任务在协调政略战略，审议国防政策与“国家总动员”，使动员戡乱之军事计划与行政各部门相配合。一九六六年三月“国民大会”第四次会议，为适应动员戡乱时期需要，特依照修改“宪法”的程序，增订“动员戡乱时期临时条款”第四第五两项，对“总统”为重大之授权。“总统”依此规定，因将原设之“国防会议”撤销，改设动员戡乱时期“国家安全会议”。

依据一九六七年二月一日“总统”明令公布的“动员戡乱时期‘国家安全会议’组织纲要”，“国家安全会议”之任务如下：

一、关于动员戡乱大政方针之决定事项。

二、关于国防重大政策之决定事项。

三、关于“国家建设计划纲要”之决定事项。

四、关于总体作战之策定及指导事项。

五、关于“国家总动员”之决策与督导事项。

六、关于战地政务之处理事项。

七、其他有关动员戡乱之重要决策事项。

“总统”为“国家安全会议”主席，主持会议。“总统”因事不克出席时，由“副总统”代理。“国家安全会议”出席人员为“副总统”、“总统府”秘书长、参军长、“总统府”战略顾问委员会主任、副主任、“行政院院长”、副院长、“国防部部长”、“外交部部长”、“财政部部长”、“经济部部长”、参谋总长、“国家安全会议”秘书长及“总统”指定之人员。“国家安全会议”所通过之决议，具有与“宪法”相等之效力。例如一九六八年蒋“总统”宣示延长义务教育为九年，但“宪法”上明文规定国民接受基本教育（亦即义务教育）的时间为六年，因而当时有少数人质疑其合法性。我当时即向有关方面建议，可经由“国家安全会议”决议的方式，将蒋“总统”所宣示的九年义务教育改称为九年国民教育。因为所谓义务教育是具有强迫性的。换言之，“政府”有办理此项教育的义务，学龄儿童有接受此项教育的义务，学童家长（或监护人）有负责使其子女入学的义务。依照各国的惯例，义务教育都是免费的。以当时各种客观的条件而言，实无力于短时间内，一次将六年的义务教育由六年延长为九年。后来“国家安全会议”开会通过将最初宣示的九年义务教育改为九年国民教育，明定此项国民教育非强迫的，而且是可以收费的。这样，“立法委员”和一般社会人士也就没有异议了。

我之所以参加“国家安全会议”工作，可以说完全是先“总统”蒋公的安排。我于一九六二年底坚辞教育厅长后，便至政治大学教育研究所教书。可是蒋公总认为我颇具行政才能，应该多为“政府”负点实际责任。所以曾先后征求我担任党务主管及党营文化事业的负责人，我都恳辞未就。一九六七年一月间，有一天突然蒋公在“总统府”召见，告以“政府”即将成立一新机构，由“总统”自己负责主持，要我参加此一机构的工作。我当即向蒋公报告我现已担任政大教育研究所所长，不宜兼任其他职务。蒋公说要我在此一新机构担任的工作，是属于文化方面的，文化与教育性质相同，而且仍可继续担任政大教育研究所所长，不会影响教学工作。我当时并不知道蒋公所说的新机构是何种性质，待至四月“国家安全会议”成立后，“国家安全会议”秘书长黄少谷先生才通知我，蒋公已决定派我在“国家安全会议国家建设计划委员会”文化组工作了。

“国家安全会议”初成立时，设“国家建设计划委员会”、“国家安全局”、“国家总动员委员会”、战地政务委员会、科学发展指导委员会。“国家建设计划委员会”主任委员为周至柔、“国家总动员委员会”主任委员为蒋经国、战地政务委员会主任委员为袁守谦、科学发展指导委员会主任委员为吴大猷。“国家安全局局长”系由军方兼任，仅在名义上，隶属“国家安全会议”。在以上各个委员会中，“国家建设计划委员会”居于主干地位，因而其他三个委员会的主任委员均兼任“国家建设计划委员会”的委员。

“国家建设计划委员会”分设政治、军事、财经、文化四个组，各组召集人规定由“行政院”有关“部会”首长兼任，仅负名义，实际业务由副召集人负责。在建设计划委员会初成立时，政治组副召集人为瞿韶华、军事组副召集人为张国英、财经组副召集人为陶声洋。我则任文化组副召集人。我于一九六九年，奉“总统”特派为“国家建设计划委员会”委员兼文化组召集人，不再由“教育部长”兼任文化组召集人，而由“教育部政务次长”兼任文化组副召集人。这一项人事安排，可算是一项特例，因为其他三组的召集人仍旧由有关“部会”首长兼任。据当时的周主任委员至柔告诉我，一九六八年七月“总统”派我出国考察教育一年，一九六九年七月回国，“总统”原拟派我主持“全国”教育行政业务，乃因有人认为正值“政府”积极发展科技之际，“教育部长”应由研习科技者担任，以致蒋公无法贯彻初衷，故遂将我由副召集人调为召集人，系特任官，与“教育部长”待遇相同，副召集人则由“教育部政务次长”兼任。周主任委员说，蒋公一向对用人极费苦心，更通达人情，由这一项人事安排，便可见一斑。

关于我的职务调动问题，在我一九六八年到一九六九年出国前后，便有很多传闻。待我回国后，黄季陆、刘季洪几位与我相交甚久的朋友便一再谈及，刘季洪先生有一次向我说：“教育部长”的人事，老先生（指蒋公）很坚持，倘若成为事实，希望第一件事就是准他辞去政大校长职务。又有一天，黄季陆先生到我寓所来，开头便问我，为何蒋公已经决定的事会有变动？我立即向季陆先生说：蒋公从未对我提及此事，这些恐怕都是一般人的“想象”和“传闻”。季陆先生政治经验丰富，熟悉政坛内幕，只是向我冷冷一笑，用四川的腔调对我叹口气说：“政治就是那么一回事，哪有什么道理可讲嘛！”

回想在“国家安全会议”初成立时，确实甚受各方重视。每次会议均由蒋公亲自主持，“政府”重大政策及年度预算，须经“国家安全会议”通过。即以“国家建设计划委员会”的任务而言，依据组织规程所定者，印有下列各项：

一、拟议有关动员戡乱之大政方针。

二、拟议有关国防之重大政策。

三、策划与总体作战及战争指导有关之事项。

四、拟订关于“国家建设计划之纲要”，并协调有关机关，依照纲要研提政治、军事、财政、经济、文化教育等计划。

五、审议各机关依照前款研提之年度计划、中期计划及长期计划，协调与督促各项核定计划之执行，并考核其实施成果。

六、拟订或审议有关法案要点或专案计划纲要，俾重大政策或“国家建设计划”得以贯彻推行。

七、其他重大兴革事项之建议。

由上列各项“国家建设计划委员会”的职掌，即可看出该会实系“国家安全会议”的核心单位，故其他三个委员会的主任委员均兼该会的委员。“国家建设计划委员会”的计划委员约有两百余人，包括“政府”有关首长及专家学者（多系兼任）。“国家建设计划委员会”所属文化组的职掌，依照规定为：有关“国家建设计划纲要”（文化教育部门）及教育、文化、新闻出版、广播、电视、戏剧、观光事业等政策之研究设计，与有关计划之审议，并对执行机关之工作负协调督导与考核之责。因为文化组的业务颇为广泛，所以文化一组的计划委员便多达九十余人。文教、新闻、电视各方面的知名之士如曾虚白、马星野、任卓宣、王惕吾、余纪忠、孙邦正、王洪钧等均兼任文化组的计划委员。文化组定期举行计划委员会议，并分批前往各业务单位如报馆、电视公司等访问考察，工作进行颇为积极。由于“国家建设计划委员会”四个组执掌的业务几乎涵盖了“行政院”的所有“部会”，而且对各“部会”的施政计划，负有策动与考核的权责，以致外间常有人称“国家建设计划委员会”为“太上行政院”，幸好当时的“行政院院长”严家淦先生为人谦和圆融，对“国家建设计划委员会”的工作能够密切配合，没有丝毫摩擦踰越的情形。周主任委员至柔之严守分际以及其与严院长私交甚笃，自然也有很大的关系。

一九七二年八月，蒋经国先生出任“行政院长”，“国家安全会议”也随之缩小编制。“国家总动员委员会”与战地政务委员会裁撤，除“国家安全局”在形式上仍依旧隶属“国家安全会议”外，科学发展指导委员会名称不动，“国家建设计划委员会”则改为“国家建设研究委员会”，工作人员仅有四十余人，执掌亦仅限于对“总统”提出研究与建议事项，性质与过去完全不同。文化组召集人改称文化组主任，我则由“总统”特派委员改为特聘委员。“国家安全会议”亦不再如过去经常开会，不过每年三月间却必须开会一次，通过“行政院”所提出的年度“国家总预算案”。也可以说，“国家安全会议”经过此次缩编以后，对政治已不具实质上的影响力了。

我在“国家建设计划委员会”工作期间，有一件事是使我终身难忘的。记得一九六八年三月间，一日上午我正随周主任委员及“计划委员会”同仁前往台湾中南部参观。在到达新竹肥料厂时，那里负责人突然找到我，说奉到“总统府”交际科电话通知，“总统”第二天上午十时在“总统府”召见我。我随即由新竹赶回台北。次日谒见蒋公时，他开头便说，要派我到欧美各国考察教育，嘱我赶快准备，早日启程，并即草拟考察计划，送呈核定。我从“总统办公室”出来，遇见黄副秘书长伯度。他问我“总统”为什么忽然临时召见我，我当即告以蒋公要派我出国考察教育，他听了以后，和我同样感到意外。

我的考察计划经黄秘书长少谷呈报蒋公核定后，即奉谕早日出国。只因我在政大教书，不愿影响学生课业，直到七月初政大教育研究所事务告一段落时，始行动身。在出国的前一天，又蒙蒋公在阳明山“国防研究院”召见。那天同时晋谒蒋公的，还有当时的“行政院”新闻局魏局长景蒙。他因视察海外业务，也是在第二天要到欧洲去。当时蒋公指示我的话，我至今还记得非常清楚。他说：“到国外考察教育，不仅要注意到教育方面的问题，而且也应连带看看各国政治、经济、社会发展的情形。

英国在欧洲地位很重要，以色列为一新兴国家，都要去深入的了解一下。中国在海外的学人和专家很多，应与他们加以联系，希望他们能够回国服务。”最后当我辞去时，蒋公还特别问一句，旅费领到了没有？他更像一位家长嘱咐子弟似地说：在国外与国内不同，不必太节省，沿途如有需要，可向使领馆周转。当时我听到他这几句话，内心的感动，真是无法用言语文字来形容的。

蒋公在我的考察欧美教育计划上，批定的考察期限是一年。我于一九六八年七月十号由台北启程，经过香港、曼谷和中东几个国家到欧洲。在欧洲期间停留较久的国家是西德、法国和英国。一九六九年二月，由西班牙到美国，在美国停留了四个多月。七月十号，经东京回到台北。

我回到台北的第二天，蒋公便在“总统府”接见我。蒋公在我还未向他报告考察情形之前，便首先问我：旅费够用吗？我立即回答说：“政府”发给我的考察费用，还剩余台湾银行旅行支票美金三千余元，我已交由“国家建设计划委员会”缴还“国库”了。他听后“哦”了一声，并笑对我说：“你用得很省！”事后黄副秘书长伯度告诉我，他在“总统府”服务多年，还未看到奉派出国的人回国后将所领费用缴还国库的。

在此次考察欧美教育一年期间，我充分利用一切机会深入了解各国的文物制度与民情风俗，甚至很多历史人物的故居与墓地，我都抽暇去看一看。像华盛顿、林肯、罗斯福、凯末尔、丘吉尔、甘地、莎士比亚、歌德、莫扎特、贝多芬、梵谷等人的生平事迹，均可从他们幼年的家庭环境与身殁后的荣枯略窥一斑。就我个人所获得的印象，几乎所有的政治家与艺术家除丘吉尔、罗斯福、歌德等少数人外，大都出身贫苦，频受挫折，全靠他们个人逆来顺受，乐观奋斗，始能各有伟大的成就。尤其值得一提的，一九六八年秋我在西德考察教育时，一位在波昂大学教书的中国朋友于周末驾车陪我至附近游览。

我自一九六七年四月开始在“国家安全会议”服务时，即一直在政大教育研究所教课，并担任所长十年。二十七年以来，从未缺过一堂课，而我授课时，也很少有学生缺席，我常对学生说：我在研究所教书，是抱着与大家“共学”的态度，并把各研究生当作“学友”看待，我又说：学生胜过老师，是老师教学的成功，学生不如老师，是老师教学的失败。否则，何能青出于蓝而胜于蓝？所以无论在师大作校长或在政大做教授，从未发生所谓“代沟”的情形。这是我平生甚感快慰的事。

自“政府”宣布动员戡乱时期终止后，所有根据“宪法”临时条款所成立的机构均将裁撤。“国家安全会议”除秘书处暂时保留外，“国家建设研究委员会”与科学发展指导委员会，预定于一九九一年六月底撤销。如果此一机构明年裁撤，则我在“国家安全会议”服务的时间，已届满二十四年。一个人自某一机构开始成立到最后结束始终未离开一天的，在现在社会变迁迅速、行政机关人事流动性特大的情况下，恐属罕见。回想二十四年来，“国家建设计划委员会”与改组后的“国家建设研究委员会”，虽然向“总统”提报了几百件建议案与专题研究报告交由“中央”各单位参考办理，但由于多系机密性质，不便对外公开，以致社会上很少人了解这个机构的存在，更未能受到应有的重视。可是就我个人来讲，却能利用这个“隐密性”的机构，专心致力于研究与写作，除每周至政大授课外，便坐在文化组的办公室阅读与沉思。因为“国家建设计划委员会”借用台北市博爱路博爱大楼“国防部”的五楼办公，下面有一隧道可直通“总统府国家安全会议”秘书处，一切公务与“总统府”洽商时，均不必经过外边的马路，而外边的人因“国防部”大门口设有警卫，非经通报手续不能进入，所以很多朋友因怕麻烦也就不到文化组来看我，这倒使我能享受了二十四年的“闭关式”的清静生活，这难道不是一生最大的幸运吗？

十二、参与筹设台湾电视公司

一九六〇年三月初，有一天下午，省府周主席打电话给我，告以当日上午中国国民党中央常会开会时，蒋总裁询及电视台筹划情形，对负责此事的陶希圣颇表不满，曾说："俗谓秀才造反，三年不成"的话，电视台的筹划工作谈了将近两年，依然毫无头绪，因而在常会中，即决定改由省府周主席负责开始筹划。周主席希望教育厅能接办此事，以便在下次中央常会中向总裁报告，我当即向周主席说明，教育厅的业务原已极为繁剧，我个人更无暇主持此一具有开创性的工作。于是我向他建议由省政府新闻处负责规划，因新闻处附设有电影制片厂，厂长龙芳经验丰富，作事认真，电视与电影性质相近，龙厂长参与筹划工作，最为适宜。周主席听了我这番话以后，也表示同意，不过他一定要我参与此项筹划工作。于是周主席和我便商定先成立一个筹备委员会，我与新闻处吴绍璲处长为当然筹备委员，另外聘请"中央广播公司"总经理魏景蒙，以及周天翔等具有专业经验的人士为委员。第一次的筹备委员会议，在台北市植物园内台湾电影制片厂举行，由我主持，当即决定请魏景蒙为主任委员。会中魏景蒙曾很幽默地向我和新闻处吴处长说:“你俩是未来电视公司的老板，我们都是伙计，希望两位老板多多指示。”景蒙系我多年老友，为人风趣，精明干练。台湾电视公司创设的经费，由台湾省政府负担，但名义上是一种商业性的机构，成立后可募集民间企业界资金，因为台湾省政府投资总额占百分之四十九以上，所以魏景蒙戏称教育厅长和新闻处长是他的老板。

在第一次筹备会议中，我即表示筹设一家电视公司，经费不是很大的问题，最重要的，乃系将来电视节目的品质问题，倘不预先在人才培育与遴选方面，多加考虑，妥善解决，则电视对社会大众所发生的影响，可能负面超过正面，我希望第一家电视公司成立后，能多多发挥一点社会教育的作用。当时出席的各位筹备委员，对我的意见也一致表示赞成，所以台湾电视公司成立后有些娱乐性的节目如“群星会”等，便一直保持相当高的水准，当年主持节目的慎芝和紫薇小姐等，现在还为很多人所怀念。

台湾电视公司于一九六一年三月四日开始筹备工作，一九六二年十月十日正式开播，成为国内第一家电视台。第一任董事长是林柏寿，林氏不仅是当时本省最著名的企业家，而且也是最负清望的一位中国文物的收藏家。不过林氏经常寓居香港和欧美各地，所以不能不物色一位主持实际业务的总经理。在周主席和我以及其他相关人士的多方考量下，遂决定聘请周天翔担任。因周氏早年留学美、日等国，具有科技专才，曾任省府附属单位主管。他的岳父俞济时系蒋“总统”侍从室主任，“总统”对电视公司极为重视，周天翔担任总经理后，可随时透过俞济时向“总统”报告电视公司的业务情形与有关问题，周主席则不必对台湾电视公司的一切向“总统”有所说明和操心了。这一项人事的安排，可以看出周主席的思虑周密了。

台湾第二家电视台是中国电视公司，其人事与业务直接受到中央党部的指导监督，可以说实质上与中央日报一样，被社会视为党营事业之一。我对这家电视公司的筹设经过与业务情况了解甚少，可是因为我在“国家安全会议国家建设计划委员会”担任文化组主任，所主管的业务包括电视在内，中国电视公司总经理黎世芬也是文化组的计划委员之一，所以文化组的同仁便常被邀至该公司听取简报和考察业务。至于台湾第三家电视公司——中华电视公司，初成立时名中华电视台，与“国防部”总政治作战部关系最为密切，因台湾当时电视频道，除已被台视与中视使用外，只有“教育部”所属的教育电视台一家的频道，“国防部”为急于成立一家电视台，乃与“教育部”商洽利用教育电视台的频道开播节目，最初的协议是“国防部”与“教育部”合作，“国防部”总政战部派员担任董事长，“教育部”派人担任总经理。可是到了今天，华视似已完全成为“国防部”政战部附属的文宣机构，“教育部”只派员在华视教学部制作节目。华视初成立时，总政战部主任为王升将军，负责规划一切建台事宜，我也和陶希圣等人应聘为该台的指导委员，每月均举行指导会报一次，差不多经过了两年时间，指导会报便停止召开了，我的指导委员职务也随之卸除。不过因为华视公司的负责主管与工作同仁和我均有深厚友谊，故经常也应邀去参观节目和宴会，可以说台湾这三家电视台，和我都是具有相当关系的。

谈到电视事业，使我不禁联想到一九六八年我访问以色列时的一段故事。在我一九六八年七月奉派前往欧美各国考察教育时，先“总统”蒋公特别指示应至以色列看一看。当时“我国”与以色列并无“邦交”，但在我到达耶路撒冷时，因为前“我国”驻黎巴嫩“大使馆”已与其有所联系，故颇受该国官方亲切接待。我除参观希伯来大学等重要文教机构并游览以国境内死海等著名风景胜地外，并与以国文教部部长作了两小时的会谈。他曾向我提及以国至今尚未设置电视台，因为他们的政府认为一家电视台比一所国立大学对社会影响更大，所以将来如设立电视台时，一定要花费较国立大学更多的经费，使所播出的节目，能对观众发生正面的作用。他的这番话，我至今还留有深刻的印象。反观今日“国内”三家电视台成立以来，固然对“政府”政策的宣导有不少的贡献；但一些综艺性的娱乐节目，内容低俗，不堪入目，甚至以色情、打斗等情节取悦观众，完全从广告收入的多寡着想，而不考虑到对青少年所产生的负面作用。今日中小学伦理道德教育几乎全被这些不良电视节目所抵消。社会上青少年犯罪率之日益增加，不能说这些电视台不负相当的责任。“政府”有关主管单位也曾三令五申，指示各电视台应改进电视节目的制作，以免受到广大社会观众所指责。可是在这种以“赚钱”为导向和以“多元化”为借口的环境下，各电视台甚少考虑到所应负的社会责任。因而想到当年先“总统”蒋公积极督促政府成立电视台的一番苦心，而我也自始便参与电视台的筹设，真是不禁感慨万端了。

十三、台湾的大学教育与联考制度

台湾在日据时代，只有一所台北帝国大学。我国对日抗战胜利后，政府将台北帝国大学改名为国立台湾大学。日人在台所设的帝国大学规模甚小，系以研究所为主。因日本在台湾实行殖民地的“差别教育”，台籍青年能入台北帝大者为数甚少，而且仅允许入农、医等科系。至于法律、政治等科学生多为日人，因为日本政府不愿为台湾培养政治及社会方面的领袖人才，以期易于长期控制。同时日本政府为配合其南进政策，并在帝大内设南洋研究所，台湾光复后，南洋研究所所储存的资料，分别庋藏于台大及省立台北图书馆内，至今仍具参考价值。

依照日本学制，每所帝大所在地，多设有高等学校，亦即大学的预科，相当于现行的高级中学。台北高等学校的毕业生，大都升入台北帝大。台北高等学校位于现在的和平东路，与帝大相距甚近。台湾光复后，台北高等学校则改为省立台北高级中学。台湾省立师范学院创立时，因无适当校址，乃假台北高等学校旧址开学招生。所以师范学院的院长同时兼任省立台北高中的校长，因两校设于一处，学生由一个校门出入，在三十八年四月我接任师院院长时，师院入口处便挂了两个校牌。台北高等学校在日据时代，可以说是台湾青年菁英荟集之所，现任的李登辉“总统”以及很多目前政坛元老都是从这所学校毕业的。

台湾光复后，台北市新设的高级中学甚多，如建国中学、成功中学、一女中、二女中等校，有的是由日据时代的学校改名的，有的是新成立的。我就任师院院长时，留在师院校区内的高级中学学生，仅有两三班，尚不足一百人，我认为台北市已有多所高中，这两三班学生毕业后即可停止招生，原有校址全归师院使用。教育厅采纳我的建议，省立台北高级中学遂即停办。

中央政府迁台后，对于大学教育的政策，大致可分为三个阶段：

第一阶段：光复后至一九五一年左右，“政府”所采取的是“质重于量”的政策。这与中国的历史传统与当时的客观环境均有关系。中国古代的太学以及科举制度，都是以培养学术人才与政治领袖为目的。即欧洲中古时代的大学亦复如此，可以说只是一种学者的集团，以研究学术为主，而非作为教育青年的机构。我国自清末废止科举制度开办新式学校后，当时的京师大学堂（北大前身）及北洋大学与稍后成立的私立人学（包括教会所办的大学），都采取“菁英主义”，所招收的新生名额不多，水准甚高，亦即采取重质不重量的政策。我国对日抗战胜利后，胡适之先生曾发表一篇文章，主张政府应集中人力、财力，先办好五所大学，然后再慢慢加以扩增，以免大学教育过于浮滥，有名无实。这篇文章在报纸上发表后，一些未被列名的大学大表不满，我猜想胡先生写此文的主要动机，乃是鉴于战后政府财力有限，如能先把几所具有良好基础的国立大学如北大、清华、武大、中大等校继续充实其条件，使其达到世界水准的第一流大学，然后再陆续使所有的公私立大学都能急起直追，以提高中国大学教育的水准。胡先生的构想实在是很有远见的，可惜抗战胜利不久，中共势力坐大，中央政府更无暇考虑此一百年大计。民国三十八年中枢迁台后，当时在台的蒋梦麟、傅斯年，以及稍后返国的梅贻琦、胡适之等学术界领袖人物，也都主张大学教育应重质不重量。傅斯年任台大校长时，三十八年暑期招生完毕后，他曾亲自对我说："很多不应该进台大的学生都进了台大。"我问他是否系指新生的国文程度而言，他颔首同意，我于是便告诉他考台大的学生的国文程度当然不能和他以前进北大时相比，可是现在一般学生的常识可能胜过以前考北大的新生，他也含笑同意。傅校长任台大校长时间仅一年有余，一九五〇年他在省参议会被省参议员郭国基质询时，即因郭国基指责台大所收新生人数太少，傅校长答复说他办台大是有原则的（亦即采取菁英主义），一时气愤，致脑溢血病发猝逝于省议会议场内。以后数年，有几所原设于大陆的公私立大学在台复校，有人向蒋梦麟先生建议北大在台复校，梦麟先生曾亲口对我说："我在台湾一天，绝不让北大在台复校，因为北大之所以成为北大，全靠当时有最好的教授，目前台湾从哪里去聘请到那样水准的教授？如果没有好教授而高喊复校，岂不是砸了北大的招牌，使北大变成从前上海的野鸡大学？”记得梦麟先生任教育部长时大力整顿高等教育，一些上海的不够水准的大学，俗称“野鸡大学”，均予停办。“野鸡”系上海人所说的沿门拉客的私娼，因而专以敛财为目的之私立大学，遂被称为“野鸡大学”。当时梦麟先生曾因此一措施得罪了某一党国元老而辞职，转任北大校长。教育界前辈大公无私的风范，实在值得我们万分敬佩。

“清华大学”在台复校经过，也值得加以追述。因为我国在美国有一大笔庚子赔款，由一中美人士共同组成的机构负责保管，梅贻琦先生是在美的主要负责人，如果请梅先生回国恢复清华大学，便可动用此项巨额美金存款。于是“教育部长”张其昀便邀请梅先生回台恢复“清华大学”。记得当年我在纽约遇见梅先生时，他曾谈及此事，不过他说他不赞成恢复“清华大学”，只建议先成立一个研究所，亦即原子能研究所。“教育部”接受了梅先生的建议，梅先生遂返台策划复校事宜，经过数年以后，才开始成立本科，招收大学新生，并要我同意借调师大理学院长陈可忠先生担任“清华大学”的教务长。可见梅先生和蒋梦麟先生一样，都是认为大学应该质重于量的。

第二阶段：一九五一年以后，台湾政局渐趋稳定，“政府”积极进行发展经济的各种措施，如实施耕者有其田政策、将原有公营事业改为民营、推行长期发展经济计划等，同时由于美国在资金与技术方面的援助，国民每年收入不断增加，生活普遍改善。各级学校的学生人数直线上升。一般学童受完六年义务教育后，均愿升入初中，初中毕业后，更多志愿投考高中及大学深造。在这种客观环境下，原有的几所大学和独立学院，自难满足青年求知的需要，因而公私立大学便逐渐增加，“政府”对大学教育，便开始采取“质量并重”的政策。

当时先有几所省立的独立学院改为大学，如师范学院改为师范大学，省立工学院改为成功大学，省立农学院改为中兴大学。师范学院之改制为师范大学，完全是先“总统”蒋公的意思。他一向对师范教育极为重视，一九五〇年三月在台复职之初，即在“总统府”召见我，他首先问到三十八年四月师院发生学潮经过及学校现况，我详细说明师院师资及设备情形，并为加强台籍青年民族意识与国家观念，特别重视国文与历史课程，蒋公听了我的报告后，再三对我说：“国文最重要。”一九五五年二月，“教育部”张其昀部长告以蒋公有意将师范学院改制为师范大学，以示“政府”对师范教育的重视。后来不久台湾省政府便呈请“行政院”将师院改为师大（因师院系省立），六月五日师大正式成立，“政府”发表我为首任师大校长，“教育部”张部长亲莅学校颁发师大校长印信，省府严家淦主席及有关“政府”首长与外籍贵宾参加成立典礼者甚多，仪式颇为隆重。

师院改为师大后，省立台南工学院与省立台中农学院师生亦纷纷要求改为大学，省府为顺应舆情，先将省立工学院改为省立成功大学。一九五七年八月，我任教育厅长时，因省参议会已向前任省府主席建议将农学院改为大学，并经获得省府同意。于是我只好在原则上，表示准予考虑改制问题。可是当时省立的法商学院，亦积极呼吁在农学院改为大学后，亦应改为大学。我一向主张大学教育应重质不重量，省立师范学院与工学院现已改为大学，省立农学院改制又系前任省主席所承诺，我自难推翻原议，可是当时省府教育经费极为拮据，师范大学与成功大学改制后又需大量经费充实其设备，同时，师院与工学院、农学院，已具相当规模，而省立法商学院系由省立行政专科学校改制未久，何能援例改为大学？可是法商学院师生对改大之事多方奔走，急欲使之实现。我经再三考虑，决定将农学院改制后，校名定为省立中兴大学，教育厅所定改制计划中特别说明中兴大学以中兴新村省府所在地为永久校址，待大陆光复省府迁返台北后，中兴大学校本部即可移至中兴新村，因依照大学法规定，大学必须设有三个学院，所以我决定新成立的中兴大学设农学院、文理学院及法商学院，这样，位于台北的法商学院在中兴大学成立时，即成为中兴大学的一个学院，不过学院仍留在台北原址，不必迁至台中，以免农学院改制后，又接着发生法商学院要求政为法商大学的困扰。以当时省政府的教育经费情形，解决中小学的种种问题（如增建国小教室，消除二部制、三部制等）已感不足，何能再增设大学？就我的想法，省政府先办好三所大学，台南的成功大学以工科为主（因临近高雄工商都市），台中的中兴大学以农科为主（因中部为稻米及蔬果重要产地），台北的师范大学以培养师资为主。如果必须增设大学，应由“教育部”创设“国立”大学，我的这项构想，颇为“教育部”张部长及省府周主席所赞同。可是台北的法商学院师生则仍希望单独成立为法商大学，并声称一个大学所属的学院何能分设数处？我则向他们解释，一所大学所设的学院并非必须集中在一个地方，美国的很多大学便是将所属学院分设各处的，即如“我国”的“中央大学”，除校本部设于南京外，中大的商学院即设于上海。法商学院的师生对我所持的理由，也说不出反对的道理。同时，我深深了解一般学生的虚荣心，他们总觉得大学生比独立学院的学生头衔要好一点，“政府”只要把法商学院并入中兴大学，他们也就成为中兴大学的“大学生”了，所以我在法商学院学生毕业典礼上宣布此项决定时，他们都热烈鼓掌，法商学院的院长和教授也就不再坚持要在农学院改为大学后，再继续吵着要改为法商大学了。省府周主席对我能圆满地解决法商学院争取改制的棘手问题，表示颇为满意。

其后“清华大学”在台复校，东吴大学校友会申请设立东吴法学院，政治大学、中央大学与私立辅仁大学等亦相继复校，不过这几所学校因具有悠久历史，复校之初的负责人亦对学校的师资与设备要求甚高，故此一阶段的大学教育尚能维持相当的水准，所以我认为“政府”当时对大学教育是采取“质量并重”的政策。

第三阶段：一九七一年以后直到目前，由于教育当局的理念与客观环境的不断改变，公私立大学及独立学院大量增加，有些专科学校改为独立学院，有的独立学院改为大学，还有些大学和独立学院更设置夜间部，目前台湾的大学学生数与人口的比例，远超过欧洲英、法等国。尤其夜间部的问题最多，本来所谓“夜间部”与“日间部”，只是学校授课的时间不同，入学的新生的录取标准不应有所差异，可是台湾各大学的夜间部，新生入学考试与日间部不同，录取标准大都低于日间部，加以夜间部学生多系在职青年，常有旷课情形，例如政大校址位于市郊木栅，夜间部学生由市内搭车通学，往往不能准时到校上课，夜晚课毕离校，时有违背校规事件，影响学校校誉。刘季洪校长办学极为认真，因而断然决定停办夜间部，当时颇受若干社会人士责难，可是我却非常钦佩刘校长的魄力与教育家的风范。

我个人对一切问题的看法向来保持中国儒家的“中庸”的态度。大学教育由“质重于量”到“质量并重”，这是社会经济发展与民主政治进步的必然趋势，可是如果不考虑到社会的客观条件，而盲目地学习美国的“教育模式”，可能会产生很多不良的后遗症，最易预见者为：

（一）美国幅员广阔，经济发达，增设一所新的大学，校地的取得与经费的筹措，均不像台湾这样困难。

（二）美国高中毕业生大都不以升大学为谋求个人未来发展的唯一途径，故大学新生入学的竞争并不十分剧烈。

（三）美国政府与社会机构选用职员，对应征者的学历与学位不像“我国”特别重视，试看美国的历任总统，有几位具有博士学位？而“我国”目前“政府”用人则以“文凭”与“学位”为主要条件，以致一般青年均以进大学与取得硕士、博士学位为目标。

（四）美国社会普遍存有“职业平等”的观念，大学毕业生担任清道夫或计程车司机，不仅社会上不加轻视，即本人亦不感觉有损其自尊心。而我们则完全不同，一旦具有大学毕业生的身分，便不愿屈就较低级的工作，无形中增加了“政府”辅导就业的困扰。

（五）过去在大陆时，有人讥讽大学教育为“游民教育”，意谓大学生毕业即失业，成为社会游民。因为大学毕业生，尤其文法科毕业者与理工科不同，理工科毕业生均有专长，就业较易，文法科毕业生如无担任公务人员或学校教师机会，则成为社会游民。十多年前，一般大学文法科毕业生之留学美国者，尚可在取得高级学位后留美工作，近年则多申请回国就业，“政府”已感难以安排适当工作，倘“国内”大学文法科系大量增设，则毕业生就业即形成严重问题。近年少数具有政治野心之文法科毕业生，因个人无适当出路而对“政府”不满，甚至铤而走险，组党办报，以泄私愤。此种情况较大陆时期所诟病之“游民教育”，对国家社会伤害尤大。

以上将光复以来台湾大学教育大体区分为“质重于量”、“质量并重”及“量重于质”三个阶段，当然只是我个人的看法。四十多年来，由于社会环境变迁迅速，国民生活水准不断提高，青年求知欲望与日俱进，公私立大学自有逐渐扩增的必要。不过大学与中小学不同，要办好一所大学，最重要的就是要有合乎水准的师资。也就是说，能有第一流的教授，才能有第一流的大学。以目前台湾而言，理工医农属于科技方面的师资，因有国外留学生可以延聘，尚不致缺乏。可是在人文社会学科方面，则情况稍有不同，例如中国哲学史一科教授，便不是在国外有了博士学位的人便可回到国内任教的。大凡文史哲方面，必须国学根柢深厚，埋头研究多年，方可有所成就，进而成为“大师级”的学者。目前人文学科方面的师资，已有断层现象。在这种情况下，如果请不到“合格”的教授，便贸然增设此类学科或大学，将如何培养“合格”的大学毕业生？所以有人批评现在有些大学乃是“学士”、“硕士”、“博士”文凭或学位的制造工厂，他们认为大学滥发学位文凭比银行滥发钞票为害更大。例如现行大学教授资格审查制度，凡是有大学博士学位者即同时取得大学副教授资格。如果在一所水准不够的大学获得博士学位后便应聘为大学副教授，不仅误人子弟，而且形成学术界的“恶性循环”。

一九六九年六月，我在欧洲各国考察教育结束后转往美国，到纽约时，何廉先生（曾任南开大学代理校长，为著名经济学家，时任美国哥伦比亚大学教授）约我在一家中国餐厅吃饭，同座者有李书华先生（曾任南京国民政府时代教育部长）、袁家骝、吴健雄伉俪等旅美学术界人士。吴健雄教授刚从黎巴嫩贝鲁特的“美国大学”讲学返美，饭后她特别对我说，希望我回国时向“政府”建议，我们的教育制度不宜完全抄袭美国，应多参考欧洲各国的教育制度。她说欧洲各国如瑞士、比利时等国，大学甚少，职业与专科学校甚多，所以他们在“小国寡民”的环境中，竟能出口许多高水准的工业产品如钟表及其他机器等，具有与国际竞争的能力。美国地大物博，在教育资源的运用方面常不免有“浪费”现象。“我国”目前局处在台澎金马的几个岛上，人力物力有限，应该以欧洲的一些小国为借镜。我们没有很多本钱，不能学习美国那种“阔少爷”的办法。我们的教育制度与政策应针对自己的环境与条件，一个钱做两个钱用，这样才不致使有限的教育资源作不适当的分配，造成国家整个财政的浪费。吴健雄教授的意见，我回国后曾向主管当局转达，可是并没有产生很大的作用。去年吴健雄回台接受中央大学名誉博士学位时，中大校友设宴招待她，我也应邀作陪，席间她又对我谈及此事，她总认为“国内”的大学增加太快，师资与设备均未达到应有水准，因而她便问到我一九六九年她在纽约所说的一番话，我回国后是否向“政府”提起，我乃很坦率地向她说明曾向“政府”转达，可是并未发生什么影响，席间我们两人只好相视一笑，深感“我国”数十年来未免过于崇拜美国了。

在我担任教育厅长一年后，梅贻琦先生继张其昀先生以清华大学校长身份兼任“教育部长”（此乃一特例，因“政府”借重其声望，勉允不必辞去清华大学校长）。梅先生向来是主张大学教育应质重于量的，所以他就任后一再向我表示其所持的教育政策。那时除大陆原有的几所国立大学在台复校外，也有一些私立大学的校友会酝酿在台复校事宜，记得与国民党渊源甚深的私立上海大学的校友会对复校事最为积极，有一次周末我由台中回至台北，星期日上午陕西籍的“立监委员”杨觉天等人便至我的寓所谈及此事，他们问我“监察院院长”于右任先生（系上海大学创办人之一）函请“教育部”及教育厅要求在台恢复上海大学一事如何处理？我说大学教育系由“教育部”主管，梅部长曾表示私立大学复校必须具备相当的条件始能核准。在公文处理程序上，先由教育厅察勘校址及经费来源后再报“教育部”核示。他们对我说，于院长系党国元老，他说有函向教育厅申请，即应早日转报“教育部”核准，我说我对于院长个人素极崇敬，惟今既任公职，不能不依照“法定”程序办理。他们当时告诉我，上海大学预定的设校地址为新竹市“清华大学”附近的光复中学，至于学校经费因上海大学出身的党政要员甚多，将来集腋成裘，不致发生困难。适巧在杨委员等来看我之前的两个星期，有一天下午，刘季洪先生陪同陕西籍的王宗山先生来看我，我与王宗山原不相识，故他请刘季洪陪他一道至我寓所晤谈。王宗山在国民党内资历颇深，当黄埔军官学校创校时，他即任军校秘书，民国十二年八月蒋先生赴苏俄报聘，他亦系随员之一。抗战时期，他担任陕西参议会议长，政府迁台后，他被陕西旅台同乡推举为同乡会会长。他来看我时，主要是谈新竹市私立光复中学的问题。他很坦白地说，光复中学系由陕西同乡会所创立，数年来因校长人事纠纷与经费无法维持，拟请教育厅令知新竹县接办，使他不必再为此一私立学校受到莫大困扰（他大概系该校的董事长）。我虽系与王宗山先生初次见面，但一看便可知他是一位极有风度的“正人君子”，所以我当时便对他说，私立学校愿意无条件地让出交由政府办理，教育厅自当予以协助，惟必先征得新竹县政府同意，教育厅始可核准。王宗山对我的表示，颇能谅解。

因为上海大学校友会所提出的上海大学复校校址即为新竹市的私立光复中学，我想大概由于新竹县政府无意接办该校，而该校又无法继续维持，所以上海大学校友会便想到利用该校校址来办上海大学。我为要亲自了解光复中学的情况，特别在某一星期六上午乘坐教育厅的座车（平时均坐莒光号柴油火车由台中回台北）经过新竹稍做停留，顺便到光复中学察勘一下，那知看了以后才知该校仅有简陋教室数栋，四周围以竹篱，而且校址不大，上海大学校友会欲利用此一校址复校，“教育部”自难予以核准。我由台中回台北后，即将光复中学情况向梅部长报告，梅部长说上海大学复校公文到教育厅后，不必再转报“教育部”，以免那些“立监委员”又至“教育部”找他麻烦。因而上海大学申请复校文件，教育厅遂未转报“教育部”。后来有人告诉我上海大学校友会对我颇不谅解，他们说：“刘白如与我们一向都是好朋友，为什么做了教育厅长就变了？”“因公务，结私怨”，此仅一例而已。

梅贻琦先生就任“教育部长”时，在交接典礼后曾对部内同仁说过几句简单而寓有深义的话。他说他希望“教育部”同仁要时时刻刻想到“教育”两个字，而不要时时刻刻想到“部”

这个字。因为“教育”是工作，“部”是机关，如果只想到“部”这个字，便容易形成“坐衙门”的官场现象；如果只想到“教育”这两个字，便会只知道专心办教育而无所旁骛，使“教育部”成为一个受人尊敬的、富有学术气氛的机关了。所以在梅部长任职期间，他的作风和担任清华大学校长一样，在清华大学时，他采取教授治校的办法，自己只决定学校教育的方针，其他有关教学与研究事宜，完全交由各学院院长和系主任负责。梅部长在“教育部”时，也是只注重国家的教育政策以及大学教育和国际学术合作等事项，至于中小学及地方教育，则完全授权省教育厅主管，决不加以干预。据当时“教育部”总务司司长高化臣告诉我，每次举行部务会议时，凡讨论中小学及地方教育有关问题遇有争论不决情形，梅部长总向大家说请打电话给刘厅长作决定，本部不必讨论。因为当时高雄、台北两市均属省辖市，台湾地区的整个教育均由省教育厅主管。“教育部”只管少数几个“国立”大学与学术文教机构，梅部长认为应该分层负责，同时也对我极为信任，让我能放手做事。而我对梅部长也以长者相待，教育厅重要措施我必随时向梅部长报告，所以在梅先生任部长期间，“教育部”与教育厅的关系极为融洽。

现在我姑举一例，加以说明。梅部长到任不久，便嘱政务次长浦薛凤向我表示，华侨中学与道南中学可请教育厅接办，“教育部”不必再管。于是我就到“教育部”向梅部长、浦次长询明为何作此决定。梅部长说依照惯例，中学应由地方政府设立，“教育部”不必办理中学。我当然只好表示同意，梅部长所提示的原则，当然是正确的，不过“教育部”所以作此决定，我想还有另外的因素。因为华侨中学与道南中学乃系当时“政府”为安置海外侨生回国就学而设，华侨中学设于台北县的板桥，学生多系来自香港、韩国、新加坡、及日本地区，全系男生，道南中学设于台北县的泰山，学生多系来自越南的女生。海外侨生因生活背景不同，来台后复受社会不良风气感染，同学间甚难融洽相处，尤以华侨中学男生血气方刚，常在校外与附近不良少年发生斗殴情形，报纸经常报导并加以渲染，致“教育部”深感困扰。梅部长到任后可能获悉此事，遂有将此两校改交教育厅接办的决定。

我虽明知此事乃系“烫手山芋”，不过为尊重梅部长的决策，遂说明此事因牵涉省府预算关系，必须提经省府委员会议通过后始能决定。后来我将此事提报省府委员会议时，便有几位省府委员表示“教育部”将这个“烂摊子”丢给省政府，省府实无义务出钱接办。我乃婉转向省府委员解释说，梅部长就任不久，很想以全力放在高等教育上面，一再商请将这两所中学改交省办。省府因周主席一向支持教育厅的决定，经征询多数委员意见后，此案遂由省府委员会议通过。不久我便遴派省立台北建国中学校长贺翊新兼任华侨中学校长，省立台北第一女中校长江学珠兼任道南中学校长。当时很多人对此项人事任命案顿表诧异，他们觉得突然有两个中学校长出缺，正好安排各方推荐的人，以增进“公共关系”。殊不知我之所以派建国中学校长和一女中校长兼任华侨和道南中学校长，主要的考虑是，这两所中学的侨生突然由“教育部”主管改隶教育厅主管，在心理上必然觉得有点委屈，仿佛降低了地位。可是他们归国求学时，大都希望能分发到校誉卓著的建国中学和台北第一女中，只因限于“政府”规定，未能如愿。现在学校虽改为省办，但校长却系他们素所向往的名校的校长，至少在心理上可以产生一种“补偿作用”，而且更可利用建中和一女中的教学设备；同时两校的教师亦可前往兼课，这样自可满足两所侨校学生的愿望，所以当我陪同贺校长和江校长到华侨中学及道南中学就职时，两校学生均表示热烈欢迎。那时有几位教育界朋友对我这项人事的安排都认为是一项明智的决定。

以上两所侨校在新任校长接事后，校誉蒸蒸日上，学生安心向学，再无越轨滋事情形。可是两年后，梅部长因病辞职，黄季陆先生继任部长，可能由于部内有关司处主管感到业务太少，遂又向黄部长建议将两所侨校仍旧收回，重由“教部”办理。当黄部长对我表示此意时，我当即毫不迟疑地赞同“教育部”的决定。可是此事在我向省政府委员会议提出时，许多省府委员都说，这两所侨校学生闹事出了问题时，“教育部”就丢下不管，交给省府。待省府接办两年上了轨道又要收回去，实在难以令人理解。我当然只好向省府委员们说，教育厅少办两所中学也可省去一些教育经费，横竖教育的都是青年，何必与“教育部”斤斤计较？于是这两所侨校便很顺利地交还给“教育部”继续办理了。

其次谈到与台湾大学教育最有连带关系的问题，就是大学的联考制度。台湾各大学与独立学院的入学考试，原是各自分别办理的。自一九五三年起，才开始实行联合招生的办法。所谓联合招生，就是各大学与独立学院在一个共同组成的招生委员会之下，统一命题，统一阅卷，统一分发。谈到此项联考制度的产生，只有当时的“教育部长”张其昀和我两个人“心照不宣”，也从未对外公开谈过。记得在“教育部”召集各大学校长与独立学院院长开会时，张部长宣布拟实施大学联合招生办法，出席的校、院长均不赞成，几成僵局。张部长说大家休息几分钟，详细考虑后再继续讨论。于是张部长便嘱我至部长室小坐，他坦率告诉我，这是中央再三考虑后所作的决定。因为中枢迁台后，大陆的各军事学校亦陆续来台，教学设备完整无缺，惟最耽心者，因政治局势动荡不安，台籍青年可能报考军事学校的意愿不高，倘若各军事学校招收不到足额的学生，则不仅谈不到光复大陆，即确保台湾地区的安全亦颇值忧虑，所以希望各军事学校与普通的大学及独立学院一起办理新生入学考试，并在招生简章上，明确规定所有考生均须填一个军事学校为其入学志愿，这样各军事学校当可收到足额的新生。张部长希望我在继续开会时能支持“教育部”的腹案，并全力说服与会人士。不过张部长特别暗示我决不能公开说明此系配合军事方面的需要，以免引起大学校、院长的误会与反感。待休息一刻钟继续开会后，张部长重申“教育部”主张大学联合招生的决策，我因基于整个“国家”情势的需要，从教育各方面说明联招办法的可行性，因与会人士不多，大家也不再坚决反对，于是从此建立了实施三十多年、一项争议不断的大学联考制度。

大学联考制度的背景既如上述，所以最初开始实施的乃是普通大学和军事学校联合招生的办法。第一、二两届大学联合招生委员会的主任委员由台大校长钱思亮和我分别担任，副主任委员则由“国防部”的龚愚厅长担任。过了两届以后，“国防部”表示不愿继续参加大学联招，各军事学校决定自行单独招生。当时我曾向龚厅长询及原因何在。他坦白告诉我，两年来所录取的新生，很多都不是以第一志愿报考的，结果发榜后，读了半年或一年，往往借口因体质关系，向“教育部”申请转入普通大学或中途退学，次年再重考普通大学。因为“教育部”在决定军事学校与普通大学联合招生之初，曾明文规定凡分发入军事学校者，若入学后经医生证明体格有缺陷（如高度近视或肢体残障等）不适合担任各兵种军官，可经由其肄业之军事学校代为向“教育部”申请分发入普通大学。因为有此规定，所以有些学生便不免抱着“投机取巧”的心理，先入军校注册，然后再多方设法申请至普通大学。“国防部”发现了此种现象，就认为与其招收一些根本无意担任军职的高中毕业生进入军校，毋宁录取立志从军成绩稍差者入学，甚至名额不足亦在所不计。平心而论，“国防部”的此一决策是绝对正确的，四十多年来各军事学校能够培养出很多优秀的专职军官，奠定了“国家”建军的基础，与当初单独招生的决定不能说毫无关系。

军事学校退出大学联招以后，自第三届起便只有公私立大学与独立学院联合招生了。当时之所以继续维持大学联考制度，因为联考制度本身也有其若干优点，最明显地便是可以节省考生的时间精力和报名费用，并保证考试成绩的绝对公开与公平。任何学校校长既不能徇情私自录取一个学生，自可杜绝考生家长奔走请托的风气，和打破青年侥幸混进大学的心理。可是如纯就教育的观点而言，联考并非最理想的入学考试办法。因为入学考试的主要目的，乃在甄别考生的学习能力。所谓学习能力，普通应该包括学力（知识）和智力（智慧）两方面，所以很多国家的学校考试，是不对试题的范围加以严格限制的。而且一般说来，试题的内容大都侧重理解而不偏于记忆。尤其各国的大学，由于学校传统与教育方针不同，每一大学皆各按其对新生选择的条件，而决定其入学考试的内容与方法。目前大学联考之限制试题范围，主要是因为考试竞争过于剧烈，以及恶性补习过于严重的缘故。就考试的性质而言，入学考试与毕业考试绝不相同，入学考试的目的在甄别学生的学习能力，而毕业考试的目的则在检验学生学习的成就，故毕业考试可测验学生过去肄业期间全部所习的科目，任何一科不及格者即不应准其毕业。至于入学考试的科目则不必太多，应以工具科目为优先和重点。记得一九五七年我到台湾省教育厅服务后，即决定初中入学免试常识一科，而仅考国语、算术两科。在我与“教育部”梅部长和浦次长讨论此一决策时，适台大校长钱思亮亦在座，他即表示大学联考所考的科目太多，应该减少。他并坦白地说，他自己是化学博士，如果大学入学考试不考化学，待进入大学理学院后才开始读化学，并无很大影响，梅部长也说过去清华大学的新生入学考试科目也不多，大家都一致认为大学新生如能在国文、英文、数学三种主要工具学科方面取得高分，则进入大学文、法、理、工、医、农等学院，均不致发生学习上的困难，至于史、地、理、化等科目，则只须分组选考数种，不必全考。现在大学联招所考科目过多，致使应受重视的主要工具学科（国、英、数等）成绩所占比重相对减轻。加以录取标准系按总分决定，往往有国文成绩仅二十分而其他科目成绩甚高（如三民主义、史地、理、化等）之考生竟依其总分分发入国文系情形，试想以二十分之国文成绩在国文系读了四年如何能达到应有的国文水准（今日国文系毕业生国文不通者不乏其例）？所以现在有人讽刺大学联考的分发办法无异是一种“配给”制度。每年各公私立大学各科系招生名额经“教育部”核定公布后，经过大学联招委员会阅卷评分，随即按各校各科系预定名额与各考生所得总分循序分配给各大学，结果一般考生能被录取进入所填第一志愿之大学科系者为数并不太多。我常以为一般学校举办新生入学考试的作用，不外为学生选择理想的学校，为学校选择理想的学生。甚至国家教育行政的主要目的，也即在“使适当的学生，入适当的学校，受适当的教育”。〔引述英国教育学者鲍尔弗（G. Balfour）氏语〕可见任何学校的入学考试，都仅系手段而非目的。而现今我们的大学联考制度，显然与此一理念不相符合。

就我主持师院与师大的经验而言，我始终认为师范教育的性质与普通教育不同。民国三十八年我接任师院院长之初，即强调师院除注重品德教育与专业教育外，并应特别加强语文教育，所以在师院单独招生时，新生入学成绩系按国文成绩、各科系主科成绩（如考英文系者英文必须达到某种程度）及总分三项计算。凡国文成绩不达规定水准者，即先行淘汰，国文成绩及格后，再看其主科成绩（如数理化各系科之数学成绩必须达到规定水准）然后再按总分加以计算，总分及格后方予录取。我认为考师大体育音乐等科系者，如国文程度太差，毕业后亦不能作为“称职”教师。所以第一先通过国文的及格水准，第二再通过各科系的主科及格水准，第三再通过总分的及格水准。所以当时师院、师大新生的国文程度大体上尚不算太差。加以入学后，我又规定每学期均举行国文、国语、英文三科标准考试，不及格者均须于下一学期参加测验，四年修业期满仍不及格者，即不准毕业。所以当时师大的学生因国文程度甚佳，很多在毕业以前，即通过“考试院”的高普考而取得公务员资格。一九五七年我调任教育厅长后，立即决定师范学校学生结业前，国文、国语两科应由教育厅统一命题，统一阅卷，不及格者不予分发。据当时尚在台中师范肄业的李威熊教授向我表示，学校在奉到教育厅此项命令后，对学生的国文程度便开始加以重视，而一般学生亦主动努力学习，他更进而对国文一科发生很大的兴趣，以后便到政治大学中文系与中文研究所深造，取得博士学位后，即在政大任教。所以他对我说当时心理上虽然有点紧张，受到相当压力，但相反地却因此使他在学术上有另一番成就。可见“政府”的政策是可以领导学生学习取向的。至于现在师大和教育厅是否仍继续推行我的这项特别重视国文的措施，我就不得而知了。

教育问题与科技不同，很难有一客观的标准为大家所认同。大学联考办法自实施以来，久为社会所诟病，迄今仍争论不息。记得严家淦先生担任“行政院长”时期，有一次“行政院”召开了一次教育问题谈话会，出席的人有几位便建议应废止大学联考制度，严院长因我曾任师大校长与教育厅长，便要我表示意见。我曾很客观地说明我的看法。我说大学联考制度诚然有很多缺点，不过目前大学与独立学院有数十所之多，如不实行联考，由各校分别定期招生，固可使高中毕业生有更多选择学校的机会，但其结果各校必须录取很多备取生，因成绩最好的高中毕业生一定会考取较多学校，以致各校录取新生中重复者甚多，各校为免新生不足定额，自然需要加取很多备取生，造成学校行政作业上的困扰。反之，如仍继续实行联考，则现已产生的种种缺点，将永远无法补救，对人才的培育影响极大，也可以说，国家与青年两方面，均要受到无形的损失。所以我认为大学联考制度在没有更好的替代办法以前，可暂时继续维持下去。不过在联考范围和各项技术方面，则绝对需要彻底加以改进。譬如参加的学校应该减少；新生录取成绩最低标准必须限定；主修学科考试分数所占比重应予考虑等，都值得慎重研究。当时我并举师范大学为例，我说师大的性质与普通大学不同，师大系为培养中学师资而设，并非为中学毕业生升学而设。我认为师大最理想的学生乃是本身必须具有将来充任教师、从事教育工作的志愿与兴趣，正如军事学校所招收的学生，第一个条件必须志在学军事、担任军官。因此我觉得师大与其他一些性质特殊的学校如音乐、艺术等，都以单独招生为宜。而且我主张师大每年预定招收的新生名额中，应保留一部分由各县市保送成绩优良的小学教师免试入学，因为这些绩优的小学教师多系师范学校毕业生，皆已具专业精神，进入师大后，必能专心向学，接受四年的师大教育，更可成为未来最称职的中学教师，但因教小学多年，若和一般普通高中毕业生一起参加大学联考，可能在英文、数学方面无法与他们竞争。倘能采取保送入学办法，则必可吸引很多优秀的小学教师进入师大。我的这些看法提出以后，严院长和当时担任侨委会委员长的郑彦棻（广东高等师范毕业）均表赞同。可是这次谈话会结束后，我的这项建议并未获得任何反应。后来我还听说有几位师大的教授也不甚支持，他们认为如果师大单独招生，可能一些最好的高中毕业生都报考普通大学，如台大、“清华”等校，师大便招收不到最好的新生，所以仍然主张参加大学联考。我听到这项传闻后，有一次在师大教授们的一项集会中，我便趁机向他们表示我的看法，我说大学联考所录取的新生固然成绩高低不同，但也不会相差太远，我们办师范教育的目的，主要在招收终身以教育为职志的青年，纵然入学成绩稍差一点也并无很大关系。我们办学校的目的是要把成绩最差的学生教成最好的学生，这便可证明我们“教学有方”，也才真能表现我们做教师的“本领”。诚然在单独招生时，有些考生如果同时考取师大和台大，结果他们大都舍师大而入台大，（如钱复建中毕业后，考取师院史地系与台大政治系，而他决定舍师院而入台大。）可是也有几位同时考取师大理化系和台大理化系，最后放弃台大而入师大的，因为他们家境清寒，师大有公费待遇，所以他们进入师大。总之，我们从事教育工作首应认清我们学校的性质与教育方针，换句话说，我们师大教授的责任与其他普通大学如台大等便有很大的不同，这是我多年来担任师大校长和教育厅长的一贯主张，正如我对师范教育特别重视国语文教育一样，是否可算是“择善固执”呢？

蒋彦士先生担任“教育部长”时，因社会各方面对大学联考制度不断有所批评，曾约集各大学校长与教务长在“教育部”开会讨论联考制度的存废问题，我也应邀参加，会中大多主张应该继续维持，不必废止，蒋部长自然也就不便有所裁决。散会后我曾半开玩笑似地对蒋部长说，“教育部”召集大学校长与教务长讨论大学联考存废问题，无异“与虎谋皮”，因为如废止联考制度，由各大学单独招生，则各大学校长和教务长每一暑假便不会有一天休息的时候，整个时间都耗费在办埋新生入学考试上面，其所感受到的精神压力更可想见。如仍继续维持联考制度，以目前公私立大学数量之多（约四、五十所），可能有些一校长在其任期内（“国立”大学校长任期最长为九年）轮不到一次主办联考的机会，则每个暑假均可过得轻松愉快，试想有哪一位校长会赞成废止联考制度？当时我并向蒋部长说，最近“行政院”“国科会”主任委员徐贤修告诉我，他不久前应邀在台湾省中学校长会议中演讲，曾特别向各校长建议应实施中学毕业会考办法，可是却没有一位校长赞成他的主张，他觉得很奇怪。我便对除贤修解释说，如果举行中学毕业会考，则全省各中学办理的优劣立即可以显示出来，除了少数所谓“明星学校”以外，还有哪一个中学会赞成实施中学毕业会考办法。我把和徐贤修的对话向蒋部长说了后，我们两人也只有相视一笑，自然内心都明白“本位主义”对任何方面的改革都是最大的障碍或阻力。

不过大学联考制度与大学教育关系极为密切，如果大学联考制度继续存在或不作彻底地改进，则使大学的入学考试，一方面考生不能进入足以发展其天赋潜力与学习志愿的科系，另一方面大学也无法选择各科系所要求的具备适当水准的学生，则大学教育必难发挥其应有功能。大家都知道，一个国家必须有第一流的大学，培养第一流的人才，然后始能建设第一流的国家，我们中国自古以来便视教育为立国的根本，教育事业为百年的大计，此一与大学教育未来发展具有密切关系的联考制度，“政府”当局和教育界人士，怎能不特别加以重视呢！

十四、新竹试办“免试升学”与实施九年国教

台湾光复四十多年以来，中小学教育方面有两件比较重要的事值得一提。一是在教育政策方面，新竹县试办小学毕业生免试直升初中。一是在教育制度方面，“政府”决定开始实施九年国民教育。

一九五六年三月一日，“教育部部长”张其昀鉴于国小恶性补习之风日趋严重，遂召开教育研究委员会全体委员会议，当时出席者除该会委员外，并有地方教育行政首长、学者专家等，我当时担任师大校长，也应邀参加。会中张部长首先说明由于小学毕业生升初中要经过入学考试，许多家长都要求学校在课后为学生补习功课，而校外亦有人开设了很多升学补习班，不仅使学童课业负担沉重，影响身心发育，且因在校内外补习均须付出甚高费用，小学教师和开设校外补习班者，均乐于为学生补习升学课程贪图牟利，以致教育风气日益败坏，舆论不断指责，“教育部”特提出“国小毕业生免试升学方案”，以为釜底抽薪之计。张部长说明后，大家对“教育部”提出此一方案的动机自无异议，惟都认为在师资、教室及教学设备尚未妥

善准备以前似不宜贸然实施。尤其中小学教育系由县市主管，“教育部”应先征得省政府同意，方能宣布此一政策。可是张部长对此一方案甚为坚持，所以当时与会人士虽大多不表赞同，但三月二日各大报均报导“教育部”已通过此一方案，决定于三个月后的下学年度由新竹县开始试办。三月二日下午陈“副总统”（诚）打电话约我至其寓所一谈。见面后他即问我此一方案的内容，我乃向他报告张部长提出此一方案的动机，主要在消除国小的恶性补习，具有积极意义。陈“副总统”当即向我表示他的看法，他认为“免试升学”无异延长义务教育，目前“政府”财政极为困难，国小尚实施多部制教学，亟应先谋解决此一问题，“免试升学”并非当务之急，要我向张部长转达他的意见。陈“副总统”系师范学校毕业后进入保定军校，曾担任过湖北、台湾两省省府主席，平时对教育问题极为关切。三十八年在台湾省政府主席任内，推行地方自治及土地改革等重要措施，自然非常了解地方财政情形，他当时因未兼任“行政院长”（其后曾再度兼任“行政院长”），故未便向“教育部”直接有所指示。我因奉陈“副总统”之嘱，隔日便至“教育部”对张部长转达陈“副总统”关切教育经费的意见。张部长说他可运用美援的经费支持新竹试办免试升学的方案。而当时的省府主席严家淦，向来为人圆通，虽明知此事困难甚多，但也表示原则上不反对，于是“教育部”与省政府双方同意，先选定距台北较近的新竹县做为实验区。一九五七年美援经费甚多，“教育部”遂将大部份美援经费用来补助新竹县试办此一方案，并派新竹县政府教育科长覃吉生到美国考察，新竹县县长朱盛淇因意外获得“教育部”的经费补助，自然也乐于试办，以贯彻“教育部”张部长的政策。

一九五七年六月间，张部长又直接通知高雄市继续试办“免试升学”，省政府严主席也只好勉予同意。但高雄市长陈武璋与教育科长均深感困难，踌躇不定。适巧八月初省政府改组，周至柔先生出任主席，我奉命由师大校长转任教育厅长。周主席莅任不久，即往高雄市视察，陈市长带他看市内各小学时，便向周主席报告，该市仍有很多小学因教室缺乏，不得不实施二部制、三部制，甚至还有几个小学在教室走廊上授课，实无法办理免试升学。倘若省政府能先解决国小教室缺乏问题，并拨专款补助实施“教育部”之“免试升学”方案，则高雄市自可遵照部令办理。周主席由高雄返台中寓所后，即约我共进晚餐商谈此事。他认为以高雄市的实际情况，恐难继续办理新竹县所已进行之免试升学方案，嘱我便中向“教育部长”张部长详细说明，以免发生误会。

从教育的理念来看，以“免试升学”消除恶性补习，自无可厚非，而在我至台中就任教育厅长前，张部长并特别面嘱希望我能全力支持其此一政策。可是我到了教育厅了解实际情况以后，便发现了种种无法克服的困难。第一、省政府委员会议及省议会均反对此一方案，他们的理由很简单，就是省政府所辖二十一个县市地方行政单位（当时台北市与高雄市均系省辖市）所缴纳的税收不能只让一两个县市单独办理此一免试升学方案，换言之，只有新竹县一县的小学毕业生独享免试升学的“特权”极不公平。第二、“教育部”系以美援专款补助新竹县办理“免试升学”，而高雄市则因缺乏此项美援补助专款，必须由省府负担此项庞大经费，省府财政厅表示坚决反对。所以省府委员会议及省议会开会时均主张暂缓办理，都认为一项教育实验的目的在能继续“推广”，如明知缺乏推广的客观条件，何必进行不切实际的试验工作。因为省政府与省议会的激烈表示，各大报不断有专栏报导。先“总统”蒋公从各方面获悉此事后，遂指示“行政院”令知省政府停止新竹县的“免试升学”措施。及至一九六八年中央宣布实施九年国教之际，曾有若干教育学者批评过去“行政院”命令停办新竹实施免试升学方案之不当，实属不明当时的实际情况。因为经由一九五七年至一九六八年十年间的准备过程，如教育厅实行“省办高中、县办初中”及二乡镇“初中”政策之后，各乡镇均有一所初中，使国小毕业生均有附近的初中可以容纳，这样水到渠成，中央宣布实施九年国教后，始不致发生教室缺乏问题。所以“书生论政”，往往过于主观。我因为对此一方案的开始试办到中途停止的整个过程完全了解，自应做忠实的叙述，也可说是一项历史的“见证”。

省政府奉令停止试办后，我在省议会曾加以说明，并特别强调“免试升学方案”虽不再办理，但延长国民教育年限是未来必然的趋势，所以教育厅今后在施政上，一定做延长国教年限的各种准备。在我五年多教育厅长任期中，决定省办高中、县（市）办初中，一个乡镇设一初中，一个村里设一小学，所有县市立职业学校改由省办，同时不再增设普通高中，以节省经费办理初中。在国小方面，采用“三对等”筹款办法，大量增建国小教室，增设小型国校，使学童可就近入学，逐渐清除二部制，实行全日教学。待我一九六二年底卸除教育厅长职务时，连最穷的南投县也达到一乡镇一初中的目标。张部长有理想、有魄力，是我最敬佩的一位长者，但因从未担任实际行政工作，不免理想过高，不易实现。数年后我与他谈及此一方案停止试办经过时，他也颇能谅解，并未对我没能贯彻其理想有不快的表示。

其次，谈到有关教育制度的重大措施，便是将原来的六年国民教育延长为九年国民教育。一九六七年六月二十七日，先“总统”蒋公在“总统府”国父纪念月会中郑重昭示应迅速实施九年义务教育，于是“行政院”遂遵照蒋公指示，成立一策划小组，并决定自一九六八年下学期起在台湾及金门地区开始实施。我想蒋公突然决定延长国民教育的年限，大概有几个原因，第一、在经济方面，为要发展工业，必须大量培养中低级技术人员，而现代化的工业设备，必须具有国中毕业程度者始能使用。第二、在军事方面，各兵种要更新武器装备，一般士兵必须具备相当程度的知识水准，当时因各部队所征召的新兵，多系国小毕业，故各部队均办理“随营补习教育”，以提高新兵素质，使能具有国中毕业程度，但随营补习教育仅系临时性质，倘能将国民教育延长为九年，则今后征召之新兵均为国中毕业生，即可取消随营补习教育，“国军”水准自可随之提高，均具使用新式武器能力。第三、在教育方面，国民素质之提高端赖能接受年限较久之教育，当时中东以色列与阿拉伯国家作战，以色列之能获得“六日战争”胜利之辉煌成果，其一般国民教育水准远较阿拉伯国家为高，应为一项重要的因素。此一战争实例使蒋公下定延长国民教育之决心，故我于一九六八年奉派考察欧美教育时，蒋公即面嘱须至以色列作短期停留，实地了解其教育设施与科技教育的情形。同时，第二次世界大战以后，各国均已延长其义务教育：例如日本战前原为六年，战后已延长为九年，美、英、法等国亦均早巳延长。联合国文教组织一九六〇年通过之亚洲地区长期教育计划，亦要求亚洲各国不断延长其义务教育年限。“我国”如能将国民教育年限由六年延长为九年，自可在国际方面展现一种新的形象。

不过由于“中华民国宪法”第一百六十条，只规定国民必须受六年（六岁至十二岁）的基本教育，如果将六年突然延长为九年，即系对现行“宪法”的修改。适巧当时有几位“立法委员”向“行政院”提出质询，认为“政府”宣布实施九年义务教育与“宪法”抵触，而报纸亦表示类似看法。因为蒋公最初讲词中系用延长“义务”教育一词，以致引起社会上的误解。盖所谓“义务教育”，其涵义是多方面的。就“政府”而言，有办理此项教育的义务，就学龄儿童的家庭或其监护人而言，有负责令其子女或被监护者接受此项教育的义务。故世界各国所实施的义务教育，都是免费的而且具有强迫性的。如果我们宣布九年国民教育是九年义务教育，则在我们当时的客观条件下，还有很多不易克服的困难。

依照“宪法”第一百七十四条的规定，修改“宪法”必须经由“国民大会”出席代表四分之三的决议。可是事实上，延长国民教育年限本系全体同胞共同的愿望，似不必仅为“符法定修宪程序”召开临时“国民大会”加以讨论，以致拖延时日，不克立即实施。故乃根据一九六六年三月“国民大会”第四次会议通过之“动员戡乱时期临时条款”，由“总统”依照临时条款第四项之授权，将此案提经“国家安全会议”予以通过。这也就是在不“修宪”的原则下，完成实施九年国民教育的“法定”程序，而在“国家安全会议”所通过的决议案中，只言明实施九年国民教育而不是说实施九年义务教育的缘故了。

九年国教实施二十多年来，最显著的成就是：由于九年国教实施后，小学毕业生可以免试直接升入中学，一般国小毕业生除少数由于家境贫寒或其他特殊情况外，大都继续升入国中，可见九年国民教育的实施，已首先达到了增进国民受教育机会的目标。其次，对“国军”新兵以及生产技工的素质之提高，自然也产生了显著的效果。尤其在九年国教实施以后，中小学的教学已渐趋正常化，学生身心可以获得健全的发展。其中以体力的增进，最为明显。“我国”青少棒之能扬威海外，屡次卫冕成功，大家也都认为是实施九年国教一项具体的成就。

不过，在另一方面，由于实施九年国教的准备不够充分，以致九年国教的实施成果未能尽如理想。其他先进国家如英、法等，往往经过很长时间的规划，才开始将其义务教育延长一年至二年，而我们则一次延长三年，在各种条件尚未完全具备的情况下，自然产生了不可避免的若干缺点。最明显地，就是师资问题。因为国中大量增设，各校无法聘得足够的合格的教师，于是“政府”遂允许以各种专科学校毕业生充任代用教师，而这些代用教师教过数年之后，即取得国中教师的合法资格。以致至今很多国中教师水准不齐，影响教学品质，国中毕业生程度低落，甚至少数国中学生行为越轨，增加了社会上犯罪的青少年的比率，这些现象都是延长九年国教决策之初所未料及的。

一九六九年，先“总统”蒋公指示“国家安全会议国家建设计划委员会”文化组组团到各县市考察九年国教实施情形，当即发现最严重的就是师资问题。不仅代用教师太多，即一些合格的教师也多“教非所学”，例如学音乐的教英文，学体育的教理化，在这种情形下，学生的学习兴趣自然不高。而国中内有些班级是升学的，被称为“升学班”，有些班级是不升学的致被称为“放牛班”。凡欲升高中者，仍在课外补习。国中毕业生程度低落，便连带地影响到高中和大学学生的程度，加以国中大多采行大班制，学生不能接受应有的教学与辅导，使国民教育期限延长后仍未能达到提高国民教育水准的目标。

一九五七年我由师大校长调任台湾省教育厅长后，特别重视中小学教育，我认为如果中小学教育办不好，便不能希望大学办得好。尤其当时六年小学系义务教育，所以我先从大量增建国小教室着手，以逐渐消除二部制、三部制的现象。并决定兴建小型国小，缩小小学班级人数，记得“八七水灾”后，华侨及“政府”拨款重建水灾地区时，我即规定所有新建小学一律为小型学校。记得报载台北市教育局长在接待几位美国的教育专家时，曾向他们炫耀台北市的小学规模比美国还大。我见报后即打电话通知台北市教育局长（当时台北市尚属省辖市），希望他要了解小学规模过大是教育上一种病态，不应向外人宣传。那时社会上流行一句笑话说，台北市有三所大学，即台湾大学、建国大学和老松大学，因为台大、建中和老松国小的学生人数都超过六千人。至今如台北县秀朗国小学生人数已超过一万人，竟被社会誉为明星小学，可见一般人对教育缺乏应有的常识。

总之，先“总统”蒋公当时基于各方面的需要，宣布延长六年国教为九年国教，在决策上是绝对正确的。可惜由于种种客观条件无法配合，以致产生不少的“后遗症”。我希望从这次经验中，今后“政府”当局对任何新的政策的决定，都应审慎考量，谋定而动。也就是我常说的一句话：“理论站得住，事实行得通。”果能如此，则任何决策必可获得预期的成果，也不致使后世撰写历史者因不明事实真相而有所争议了。

十五、坚辞教育厅长

一九六二年十一月二十日的下午，刚在省府委员会议散会之后，周主席特别约我到他的办公室里谈话。他开头便说，他已经向中央请辞省府主席职务了，因为五年多彼此相处很好，不能不先将此事告诉我。

我立即向他表示，我一定要趁此次省府改组的机会，摆脱教育厅的职务。他问我为什么？我说教育厅长是政务官，政务官是应该随政策进退的。省府改组后，无论新任主席是哪一位先生，不敢说对过去几年的教育政策完全没有变更。如果我继续担任厅长，而政策有所变更，例如对“免试常识”、“省办高中县（市）办初中”、“教师福利制度”等等，都是我决定实施的。新任主席倘不加以支持，则我将何以自处呢？所以，我一定要随省府改组而摆脱我的职务。周主席对我个人所陈述的这种意见，深表同情，他说他一定向中央及新任省府主席转达我坚决辞职的意愿。

台湾省教育厅的工作，显然与大陆各省有很大的不同。台湾虽只是全国三十五个行省中的一个行省，但当时却成为全国行省中唯一完整的行省，也是战时国家首都所在的一个行省。尤其中央政府自大陆迁台后，原在大陆各省从事教育工作的人，都希望省教育厅能予以适当安置。例如只要有一位省立中学校长出缺，便有很多人运用各种力量向教育厅活动，使我感到极大的困扰。记得一九五七年我到教育厅不久，便有几位东北籍的“立监委员”来看我，他们说省立清水中学陈校长身患重病，恐难治愈，拟推荐另一位东北籍人士来继任。我说这位陈校长尚未病逝，所以教育厅并未考虑继任人选，最后他们表示待陈校长病故后，希望能仍由一位东北籍的担任校长，我听了他们这番话后，内心颇感不快。我认为当时台湾虽系一省，但所管的却是全国的教育，教育厅应该就全国各省在台的人才中，选用最合适的人来做省立中学校长。以后清水中学陈校长病故后，我便立即发表与我毫无关系的山东籍的曹纬初去做清水中学校长。这项人事命令公布后，自然引起东北籍向我推荐校长人选的几位“立监委员”很大的不满。

又如一九六〇年教育厅为提高国小教师水准，决定将原有的省立师范学校一律改制为师范专科学校。当时首先由台中师范改为台中师专，原任师范学校校长极愿继任师专校长，刘季洪、梁实秋并分函向我推荐，原任校长系我安徽同乡，刘季洪、梁实秋均为原任校长及我的老友，但我几经考虑后，决定派教育厅第四科科长朱汇森为台中师专校长，另将原任台中师范校长调任省立台中一中校长。台中一中为中部历史悠久、设备完善之著名中学，经费亦较台中师范充裕，但原任台中师范校长因志在升级为专科学校校长，致对此项人事安排，颇不满意，怨我不顾乡谊及刘、梁两位的情面。直到多年以后，这位台中师范校长始冰释前嫌，恢复我们之间原有的友谊。

在我厅长任内所发表的很多省立大、中学校校长，有的经过我本人和其他的人一再敦促始行同意；有的在发表以后再三恳辞，后经别人劝说，始肯就职；其他还有很多校长的发表，也并不是事先征得他们同意的。就我当时的体验，深感在今日的社会环境中，办事固然不易，而用人尤为困难。

一九六二年十一月下旬，正当我在阳明山国防研究院参加讲习时，一天，先“总统”兼院长蒋公在院约我谈话，开头便问我为何不愿在教育厅继续做下去？我随即极诚恳地向他报告说：“当初中央把我由师大调到教育厅时，我曾表示从事地方教育行政非我素愿。五年多以来，更感力不从心，加以台湾地方甚小，人事调动不易。一般希望担任校长者，倘所求不遂，则造谣诽谤，横加诬蔑……。因公务，结私怨，这是内心最感痛苦的地方，所以趁省府改组的机会，我希望能摆脱现在的职务。”蒋公听后停了半晌说：“你在教育厅做得很有成绩，不必消极，应该继续做下去。一个革命者应该有任劳任怨任谤的精神，你不要这样坚决，可再考虑一下。”这时，我不得不很坦诚地向他报告，我已获得周主席的同意，他允许建议“中央”批准我的请求。蒋公听了我的这番话，沉思一会对我说：“等我想想看。”以后“总统府”的黄副秘书长伯度告诉我，新任省主席黄杰将所提省府厅处长名单送呈蒋公批示时，蒋公还向黄伯度说，教育厅长可不必变动。陈“副总统”辞公知道后，便告诉黄伯度向“总统”报告不必勉强我继续留任。蒋公将这件公文汇了几天，始行核定。这样，我才辞卸了教育厅长的职务。

十六、倡导人文教育与弘扬传统师道并获颁“文化奖”

倡导人文教育与弘扬传统师道，这是我四十多年来，从事教书、办学、行政工作时所一贯努力的目标。所谓“人文”，即是指有关人的问题。我们现在谈“人文”是指与科技相对的一个名词。人文偏重于精神层面，科技则偏重物质层面。人文教育大抵涵盖了文学、哲学、历史、美学等方面，科技教育则是指化学、物理、工程等方面。为什么四十多年来我对人文教育非常重视呢？这可以说是对社会现象体验所产生的一种“使命感”。今天“政府”也开始提倡人文教育，注重文化建设。我国自五四运动以后，即喊出“德先生”与“赛先生”的口号，当时我们在科学方面的确落后西方很多，自当提倡科学。不过，很多事情往往矫枉过正。第二次世界大战的结束，是美国科技发达所制造的原子弹的功劳。因而战后许多国家都特重科技而轻人文，认为科技可以改善国民生活，促使国家富强，人文教育则不能产生明显的效果。“中央政府”迁台后，也以发展经济与工业为主，当然要提倡科技教育。

民国三十八年四月，我到台湾师范学院服务，鉴于师范学院是培养师资之所，老师必须先做一个健全的人，然后才能为人师表。所以除了“教育部”规定的科目外，我利用课外时间，特别加强人文科目方面的教学。举例来说，我在师范学院设立了一个国学讲座，请国文系系主任潘重规主持，专讲四书五经。台湾曾受到日本五十年的殖民教育，本省同胞对中国历史和中华文化了解不多。国学讲座设置的目的，即是希望师范生能多多接触国学，进而了解中国文化的渊源。每星期天上午八点半在大礼堂开始讲演，除本校学生外，校外的人也前来听讲。同时我认为历史也很重要，特请陈致平教授，以讲故事方式来讲述中国历史，陈致平先生是辅仁大学毕业的，国语说得极为标准，从古代到近代，连续讲了三年之久，每一次都是满座。蒋纬国先生也常来听讲。这种说故事的方式比学校正式课程容易引起听讲者的兴趣。哲学方面则请牟宗三先生主讲。人文思想也讲了两年多。这三项讲演内容，都属于人文教育的范围。

师范学院同时也成立了一个人文学社，这个学社是由教授、学生联合组成的，一直到现在还是师大的重要社团之一。后来师大校友会成立了“刘真先生学术基金会”，便以这个基金会来举办人文讲座。当我民国三十八年开办这些讲座时，有些人批评我宣扬儒家思想学说是开倒车，后来先“总统”蒋公倡导成立中华文化复兴运动推行委员会和孔孟学会，大家才不再认为提倡儒家思想是违背时代潮流了。

另外，我也对“教育部”所规定的国文课程做了一番调整。

本来大学国文只读一年，但是我认为一年不够，便将国文增加一年，而且采分组教学。因为国文课程必须写作，教授更要认真批改，如按程度分班，采小班制，老师教起来容易，作文批改时也方便。国文、国语每一学期举行一次测验，不及格者仍须自己努力，参加下一学期的测验，四年读完仍不及格者不得毕业。每一学期终了，在学校公开陈列学生的作文簿，表面上固是看学生的作文成绩，但间接地也是在考核教授们是否用心批改作文。我在担任校长期间，学生的国文程度大致上都不太差，也有不少学生还没有毕业就已考取高考。此外，我也鼓励学生自动参加“政府”举办的各种考试，以测验自己的程度。师范学院有国语评审委员会，因为师范生毕业教书时必须用国语来教学。我希望全校的毕业生都能用国语来教学，国文系的学生除了能教国文以外，也能教国语；英文系的学生除了主修英文外，也须兼修国文系的课程，因为单单英文好而国文不行，将来在教学和研究方面，都难有优良的表现和成就。毕竟国文和外文都是一种工具。所以在学生时代一定要打好基础，后来很多师大毕业生到社会服务或担任大学教授时，都对我说他们能有很好的国文和外文能力都是我当校长时逼出来的。

我到教育厅服务后，就规定师范学校举行国文、国语统一考试，为提高师范生国语文程度，规定师范生结业时国语、国文由教育厅统一命题，统一阅卷，不及格者不予分发担任小学教师。很多师范生当时都很紧张，很怕考不及格。例如现任政大国文系教授的李威熊就说他当时正在台中师范就读，知道这个规定，心理上便有很大的压力，不得不加紧努力学习国文。但是如今回想起来，如果没有这个规定他们就不会重视国文，一旦重视就发生兴趣，也使他后来走向专攻国学之路了。所以我认为“政府”的政策只要是对的就应认真执行，不要顾虑外界的批评，我始终认为师范生如果国文太差，怎能做一位称职的教师？一个学生在青年时期如能把语文工具打好基础，将来从事任何工作都不致遭到运用文字的困难。

现在世界各国，学生的语文程度愈来愈差。一九五三年，我在美国研究考察一年。有一次，我到宾州一所高中参观教学，恰好那一堂课在上英文，老师要学生拼字，有一个学生连Pennsylvania, Pittsburgh, Philadelphia，三个与宾州最有关系的字都没有拼对！第二次世界大战后，美国哈佛大学的校长柯南特曾任美国驻德专使，回国后，卡奈基基金会委托他对美国中学教育做一调查报告，他在以后所写的报告中即提及美国学生的语文程度太差，建议以后美国中学应特别重视英文与其它外国语文。目前世界各国对语文都很重视，美国也开始将英文作为中学的“核心课程”了。

国文是人文教育的基础，过去我也曾发表过很多文章谈国文的重要。这是大家都知道的事。最近台湾有一家很大的塑胶公司成立了“赵廷箴文教基金会”，基金有二亿多，李模先生为该基金会董事长。李模和我是多年的老朋友，也曾共事过一段颇长的时间。他对我说要实现我提倡国文的理想，奖励大学国文系特优的学生，推行长期培育人文学科优秀人才计划，办法现已拟妥公诸报端：凡是联考以中文系为第一志愿录取者，每名每年给予奖学金十二万元，为国内奖学金最高者。第一年名额定为十名。该基金会对获奖学生，将多方辅导，长期培植，使大学人文学科的师资，人才辈出，不要发生断层现象。

一九六八年，我奉先“总统”之命赴欧美各国考察教育一年。十月在西德考察时，一位西德的大学校长对我说：“二次大战以后，德国所遭受物质上的损失早已恢复，但是精神上的损失恐怕永远难以恢复。”他又说：“从物质方面来看，今天世界上什么都有了，但从精神方面来看，今天的世界几乎什么都没有。”西德的报纸也提及整个西德工人，已不如过去那样努力。这都是因为大家不注重人文教育的后果。而以前西柏林的工业专科学校（战后改为工业大学）在战争期间都是帮希特勒制造军火的，那时所培养出来的学生可以说都是一群只有技术而没头脑的青年，战后改制为工业大学后，西德政府即参照美国麻省理工学院所开设的课程，开始也注重人文学科，希望以后毕业生不仅能有技术也能有思想，以免再做独裁者的帮凶。

一九六九年三月，我在英国考察完毕，离英赴美，有一位伦敦大学的教授到机场送我，他说：“刘先生你这次到美国后，可能看到人类登陆月球的壮举，但是人类的技术虽然可以登陆月球，而人类的思想却可以毁灭地球。”以后我到美国的霍普金斯大学参观时，该校校长也对我慨叹美国大学教育的失败，他说：“现在我们教育出来的乃是一批技术高超的野蛮人，满脑子功利思想，只想赚钱。”回想一九五三年我到美国各大学参观时，大学里的教堂每到星期天做礼拜时，很多学生都会参加。我在宾州大学时，艾森豪总统即曾参加宾州大学教堂的主日礼拜。现在美国大学的教堂里，根本看不到什么学生。宗教也与人文教育有关，青年人既无宗教信仰，又缺乏人文素养，自然就无从建立正确的人生目标了。

一九六九年七月我回国后的第一个星期一上午，应邀在中央纪念周作一专题报告，谈到各国的大学教育时，我说目前各国的大学教育大都只重传授知识，而忽略了培养学生建立正确的人生观。青年习得了技术便想去赚钱以求改善物质生活，但因缺乏精神修养，不了解人生价值，结果大学只能培养有用之人，而不能培养幸福之人。如果只重物质享受，永远没有满足之时，所以他们的大学教育便出了偏差。这是整个世界的普遍现象，受教育愈多者反而痛苦愈大。以瑞典为例，该国福利最为完善，但是该国的自杀率、离婚率却是全世界之冠，这也就是教育太注重科技、忽略了人文所致！我觉得人文教育应与科技教育同步发展，最好是人文教育能指导科技发展的方向。

第二次世界大战是拜原子弹之赐而能早日结束，美国有一位最早参与制造原子弹的教授，后来坚决退出了美国原子能委员会，因为他觉得很后悔，如果没有原子弹，日本人民所受的灾害不会那么残酷，科技反而成为战争的帮凶！所以我才在这四十年来，念兹在兹，积极提倡人文教育。最近孙运璿先生也曾表示他在“行政院长”任内，虽然经济颇有发展，但是他却很遗憾地对人文教育没有同等的注重。我在考察欧美教育报告中特别建议“政府”应及早成立中国哲学、文学、历史、美术等研究中心，因为当时“政府”设立了许多自然科学方面的研究中心，如物理研究中心、化学研究中心等，却没有人文方面的研究中心。先“总统”也深以为然，但是那几年主持教育行政者都是“科技挂帅”，我的建议也就石沉大海了！现在再想补救则为时已晚，因为老一辈的学人均已相继凋谢，目前国内要找人文方面的大师级的教授便很困难了。

我在政大担任教育研究所所长时，特别开设了一门“宗教哲学讲座”，商务印书馆所出版的《宗教与教育》这本书，便是这个讲座的讲演集。我不是任何宗教的教徒，先父则是一虔诚的天主教徒，于斌总主教曾问我为什么不入教？我答说天主教徒见主教，必要行跪拜礼，这种仪式我不一定能遵循，所以我未入教！不过，我认为以宗教为个人精神修养的寄托，则是很好的，因为宗教至少强调了燃烧自己、照亮别人的奉献精神。我举办宗教哲学讲座的旨趣在于提高学生的人生境界，而且任何一个宗教创始之初，都是为了爱人类，教育工作者就应效法这种精神。我当时请罗光、蒋复璁讲天主教，曾约农、张继忠（张群之子）讲基督教，请南怀瑾讲佛、道两教，请石乐山讲回教，把每一个宗教的基本教义介绍给学生知道。耶稣三十岁开始传教，三年后就被钉死在十字架上，为什么耶稣能影响后世这么久这么大？就是因为他的牺牲自己、救人救世的伟大精神发挥了无形的力量。各种宗教信徒的牺牲的精神和情操，是值得我们办教育的人所效法的。

过去我们常谈言教、身教，也就是老师要有老师的样子。有一位北师大毕业生向我提及范源濂（湖南人，留学日本，曾任教育部次长、总长、北师大校长）在北师大学生毕业典礼上特别勉励应届毕业生们说：“我希望我们北师大毕业的学生，今后到学校任教后都有一个做老师的样子。”这个“老师的样子”用今天的术语来说就是“老师的形象”。可是近年以来很多中小学老师乃至大学教授，很多都没有做老师的样子。举例来说，我担任教育厅长时，到某一小学视察，便看见有一位老师穿着背心短裤，脚踏木屐在课堂上讲课。学校要实施生活教育，老师即应以身作则，至少也应服装整齐才对。老师既不像做老师的样子学生自然也就不像学生了。现在很多学生在学校不知尊敬老师，毕业后自然也不知尊敬别人，目前台湾虽然经济繁荣，但却无法形成“富而有礼”的社会，这是大家都感到忧虑的。

四十多年来，我一直提倡弘扬中国传统的“师道”。所谓“师道”，简单说来就是做老师的道理，我们要求学生尊师重道，但是老师也要自尊，而非单方面地要求学生尊敬老师。我常说，每年的教师节不是老师们坐在家里等着政府来表扬的日子，也不是等着学生来送礼的日子，而是老师们自我反省的日子。我主持政大教育研究所时，除了开“宗教哲学讲座”以外，更约请了四十多位教授，合编了一部五十多万字的《师道》一书，由台湾中华书局出版。内容是把中外许多足以为人师表的圣哲和先进的生平事迹与独特风范，作一种扼要而平实的介绍，使目前正在学校服务的教师以及准备从事教育工作的青年，能够从这本书里，对于“为师之道”获得若干启示而见贤思齐。因为我觉得这种具体的范例，当较空洞的说教，更易产生激励的作用。

这本书共选了五十一位中外人士，选择的标准是已经逝世而其言行足为模范者，书中本国人有三十一位，孔子是第一位。决定人选时，我曾邀请“国立”编译馆、各大学教授等多人，共同会商决定。编写这本书时，最令我感动的是陈大齐先生。因为要写孔子，便不能不请一位真正对孔子学说思想有了解的人来执笔。当时陈先生已届八十七岁高龄，我前往他家拜访，请他执笔写孔子这一篇，他表示已经辍笔甚久，而且手边也无书可供参考，颇感为难。但是我再三恳求并谓可以派人送书给他参考，他始同意。我请他在两个月内写成，而陈先生竟在一个多月就派人将他所写的二万七千多字这一篇《孔子》送给我，原稿我送给政大校史馆保存，以资纪念，并使政大同学知所效法。

陈先生这篇大作，取材精审，立论平正，全文自首至尾，均系亲笔抄写，字迹清晰，极便排印。以陈先生这样的“高龄”，这样的“硕望”，而竟对人如此“重然诺”，对事如此“不苟且”，真可算是当今一位最能实践中国传统师道的代表人物，更是我们一般现正从事以及准备从事教育工作者的典范。

《师道》这本书自一九七三年八月问世，现已印行了二十几版，除台湾地区外，东南亚各国设有华侨学校的地方，也都采用做为教师的参考书。这本书所得的版税，已有七十几万，完全交给政大教育研究所做为助学贷金之用。

就我多年的观察，我认为目前教育问题的关键仍在“师资”。一位称职的优良教师，最重要的就是要有专业道德和专业精神。现在有人批评师范学校是教师专卖店，我不同意这种说法，难道警官学校也可称为警官专卖店？军事学校也可称为军官专卖店吗？不论师资培养的管道是采取一元化或多元化，但身为中小学教师者，一定要真正了解中国传统师道的重要，成为“合格”而“称职”的教师，负起言教与身教的责任。我希望大家不要认为弘扬中国传统师道，就是思想保守或落伍，我常说“旧”的不一定都是坏的，“新”的也不一定都是好的。英国伊顿公学举行建校五百周年时，该校校长曾高呼“传统万岁”，他说时代虽然不断进步，社会也在不断改变，但教育文化与科技不同，固有的优良传统精神，仍旧是应该保留的。我国自清末维新以来，大家盲目崇信外国的学说和制度，这种“食洋不化”与“食古不化”犯有同样的毛病。清末时有人提出“中学为体，西学为用”的主张，可是以后逐渐转变为“体”“用”都偏重西学之后，我们传统的优良文化，几乎从小学到大学教育中，都大多丧失了。我们现在既然不重“修身”，何能谈到生活教育？这也就是我四十多年倡导人文教育和弘扬传统师道的一贯理念。

可能因为我多年来一直重视人文教育与传统师道的关系，一九八九年“行政院”特颁赠给我“文化奖”。何谓“文化奖”，我想应该略加说明："行政院"为表彰对中华文化之维护与发扬有特殊贡献之人士，特订颁"文化奖设置办法"。文化奖受奖人之遴选，由"行政院"文化奖评议委员会依据评议委员或文化学术机构首长以书面提名（应详叙事迹）并经提名委员以外三名委员审查同意，提出全体委员会议，经三分之二以上之委员出席及出席委员四分之三以上通过后，报请"行政院"核定。文化奖每年举办一次，受奖人以一至五名之本国人士为原则，但如有受国际推崇之特殊成就者，或对中华文化有特殊贡献之外籍人士，亦得专案予以表彰。凡经评定颁授文化奖者，由"行政院"公开表扬，并颁授"文化奖章"及奖金新台币四十万元。

此项文化奖因具有崇高荣誉，故评审极为严密。自一九八一年开始办理，每年获奖者仅为两三人，我与苏雪林教授同于一九八九年获奖。以前获奖者计有陈大齐、陈立夫（一九八一年）、张其昀、罗光、林柏寿（一九八二年）、钱穆、牟宗三（一九八三年）、杨亮功、吴经熊、梅贻琦（一九八四年）、蒋复璁、台静农、宇野精一（日籍）（一九八五年）、曾虚白（一九八六年）、黄君璧、郎静山、毛子水（一九八七年）、高明、杭立武（一九八八年）共十九人。"行政院"公布我的受奖事迹为：

"刘教授接办师范学院之始，鉴于大陆情势逆转，名师硕儒寄迹香江难定去向，乃率先礼聘国学家钱穆、潘重规等来台讲学，并延文史学者牟宗三、梁实秋、陈致平等人任教，蔚为一时之盛，更奠立台湾师范教育淳厚之学风。其于弘扬师道，数十年来不遗余力，如建议政府将孔子诞辰及教师节改为九月二十八日；创立教师福利制度，兴建教师会馆，益彰我国尊师重道之特有文化传统。组成并主持中国话文学会，出版《中国语文月刊》，四十年来未曾中断，对提倡中国语文教育贡献厥伟。至于发扬我国教育思想，鼓吹师道文化，教学著述，儒林共见，影响更为深远。”

我于一九八九年十二月一日“行政院”颁奖前夕，始接获“行政院”文化建设委员会主任委员郭为藩专函通知，究竟我系由何人提名及如何经评议委员会通过，至今尚不知悉。《中央日报》事先闻讯后，特派专栏记者张堂锜、颜瑞芳来寓访问，十二月一日该报长河版以全面篇幅刊出访问记，题目是《抢救中华文化必须重视经典》。

十二月一日上午九时，“行政院”于“院会”前举行颁奖典礼，各“部会”首长及文化学术界重要人士如吴大猷等均出席。李焕院长亲自主持并致词颁奖，我代表受奖人致词，内人石裕清亦应邀观礼，礼成后“国史馆”馆长朱汇森先生（前“教育部长”）因与我交谊深厚，特和我及内人合影留念。

因为我多年来一直重视人文教育，所以一九八五年冬，“教育部”成立“人文及社会学科教育指导委员会”时，就聘我为指导委员并兼人文学科教育研究委员会召集委员。一九八九年十一月，该会主任委员刘季洪病逝，“教育部”又聘我担任主任委员。该会自成立以来，曾举办各学科专题讲演，以及出版了很多研究报告和专书。我接任主任委员后，除继续以往各项工作外，并创办《人文及社会学科教学通讯》双月刊，由李国祁教授担任编辑小组召集人，各学科主持人及若干富有教学经验的中学教师兼任编辑，出版以来，因内容丰富，取材新颖，颇受各级学校教师欢迎。

十七、主持学制改革工作

一九八三年四月间，有一天中午，正中书局在一家餐馆内约我吃饭。在座的有“教育部常务次长”施金池，他特别告诉我，下午“教育部”的一项会议，朱部长（汇森）希望我一定参加。那几年“教育部”的很多会议，我都借故请假不愿参加。因为教育问题错综复杂，各方面见仁见智，难免发生争论。结果往往是议而不决，或是决而不行。所以有关教育方面的会议，我总尽量避免参加，以免浪费时间。施次长系师大校友，既奉朱部长之嘱，于是下午我便准时到“教育部”开会。到时见林本、孙邦正、雷国鼎等人均已先我而至。朱部长首先说明此次召集会议的目的，系因“行政院”孙运璿院长再三指示，目前教育问题极受各方关注，而改革现行学制尤属当务之急。特嘱“教育部”积极规划，期能制定一项最完善的学制。朱部长表示“教育部”决定成立一个“学制改革研究小组”，希望在座的均应聘为小组委员，不过为便于工作进行，必须先推定一位召集人。当时朱部长和应邀出席者一致推定我为召集人，我以种种理由再三婉辞，朱部长及其他与会人士均恳切表示学制改革关系重大，我应勉为其难，允任召集人，我随即向朱部长说，如一定要我作召集人，我希望设一副召集人，由孙邦正教授担任。大家均无异议，于是学制改革研究小组正式成立，除我与孙邦正外，其他委员为林本、雷国鼎、许智伟、郭为藩、林清江、叶学志、张植珊、龙书祁、施金池、陈梅生、廖季清等人，并聘盖浙生为研究员。一九八三年四月二十二日，在“教育部”举行第一次会议，朱部长亦亲自参加，以示重视。

我从来不轻易接受任何一项新的工作，但既经答应之后，决全心投入，负责到底。我在大学讲授“教育行政”一科历时四十余年（开始在抗战时期的国立湖北师范学院），民国三十四年重庆中华书局即出版了我在湖北师范学院讲授“教育行政”的讲义，并列为大学用书。“政府”迁台后，此书改由正中书局出版，迄今销行四十余版。“学校制度”系《教育行政》一书中的主要部分，自然我对此一问题尚有粗浅研究。有些教育学者在其著作中常用“学制系统”一词，我认为并不十分恰当。因为“学校系统”系由英文 school system 翻译而来，“系统”与“制”系同义语，我们可以用“学校系统”一词，也可以简称之为“学制”，但如果用“学制系统”一语，便有涵义重复之嫌。所以我向来是用“学校系统”或“学制”而不用“学制系统”的，国人翻译外文术语，常多歧异，似应加以统一。

我在第一次开会时，为“正名”起见，即将此意提出，并说明所谓学制，乃系国家对于一般未成熟的儿童和青年实施各种教育时所划分之确定的学习进行的阶段。这些以年度为单位的学习阶段，上下左右衔接联系起来，便构成一个完整的学校系统，亦即所谓“学制”。大家对我的看法均表同意，于是我们这个研究小组便定名为“学制改革研究小组”。

我国新式学校制度创始于前清末季，当时外侮频仍，国势阽危，于是朝野上下均认为只有废科举、兴学校，始足以救亡图存。如张百熙等奏设学堂云：“当此时势阽危、非人莫济，除兴学堂外，更无养才济时之术。”又如光绪谕旨亦谓：“方今时事多艰，兴学育才，实为当务之急。”我国最早成立的新式学校，开始于清同治年间，如同治元年（公元一八六二年）成立京师同文馆，同治四年上海江南制造局成立，附设机器学堂，次年福州船政局成立，附设船政学堂，光绪六年天津设水师学堂，十一年天津设武备学堂等。这些学校设立的目的，主要在于培养外交上和军事上所急需的专门人才。这时候，还没有正式的学校制度。

我国新式学校制度的建立，始于光绪二十八（公元一九〇二年）的“钦定学堂章程”和二十九年的“奏定学堂章程”。这个学制直接仿自日本，间接仿自法、德，与国情未尽适合，故其后不断加以修改。民国十一年全国教育联合会在山东济南举行第八届年会，通过了学制改革建议案，当时的教育部随即接纳了此一建议案，正式颁布了所谓“新学制”。规定初级小学四年，高级小学二年，初级中学三年，高级中学三年，大学四至六年，即俗称的“六三三四制”。这一新学制几乎可以说是全系抄袭美国的（实际上美国各州的学制并不完全相同），据此一学制主要起草人胡适之先生亲自对我说，当时此案的通过甚为草率（见附录），因为出席者多为留美研究教育的人；加以后来实行此项新学制时，又未能充分发挥此制的基本精神，以致衍生了很多缺失。胡先生曾举例说，此一新学制中的“高级中学”，原系大学预科的性质，相当于民国初年的，高等学校”，重质不重量，可是实行新学制后，各省大量设立高级中学，过于浮滥，结果高级中学的水准降低了，进而影响到大学的水准。胡先生的这番话，颇可证明新学制的制定，未曾经过周密的考虑。所以许多年来，便有不少人主张彻底改革“我国”现行的学制。其中较具代表性的有三位：第一位是梁漱溟先生，他主张完全恢复我国古代的国学、乡学、村学制度。第二位是陈果夫先生，他鉴于学校教育与实际生活脱节，主张变更现行学校名称，改用初级生活学校，高级生活学校等校名。第三位是傅斯年先生，他主张彻底变更现有的学校的名称，认为除“国民学校”名称可以不改外，其余均须变更。他主张将初级中学改称“通科学校”，高级中学改称大学预备学校（陈果夫亦主张将高中改称大学预科）。初职改称“术科学校”，高职改称“艺科学校”等。总之，梁、陈、傅三位先生都是反对抄袭外国学制和主张“中国本位”的。

我对于以上三位先生的意见，虽然认为具有参考价值，但由于时代与社会的不断演变，盲目抄袭外国的学制固有不妥，可是也不能完全孤立于世界之外，目前世界各国相互间文化交流与学术合作日趋密切，我们的学校制度必须一方面符合本国的国情，一方面适应世界的趋势。所以在此次研究学制改革问题时，我们只能考虑他们三位先生所表示的若干基本观念，而不同意将现有的学校名称完全变更。在最初举行的几次会议中，我们先对现行学制加以客观的检讨，在检讨过程中，我们确认现行学制与社会需要有若干脱节之处，其最显明者为：

（一）目前由于国民经济水准提高，妇女就业人数增加，幼儿就学之需要日增，惟幼儿教育的量和质，均不能充分满足当前社会的需要。

（二）国民中、小学校为实施国民基本教育的机构，其教育目标，在于为国家培育健全国民。惟由于社会上升学主义的影响，以致国民中、小学校成为升学预备的场所，未能充分达成其任务。

（三）高级中学的主要功能，在于为学生做进入大专院校的预备。惟台澎金马地区一百七十五所高级中学之中，其学生投考大学院校联招录取率在百分之十以下者，占半数以上，部分高中根本没有学生考进大学。

（四）就职业技术教育而言，目前高职、专科、技术学院虽已形成体系，惟尚未纳入学校制度中，且缺乏弹性。例如高职的修业年限，一律定为三年；高中和高职之间，不易互相转学；职业教育系统与职业训练系统未能密切配合；技术学院未能供应在职技术人员以进修教育等，均有待改进。

（五）国民中学学生的知能及性向，彼此差异很大。若干学生适于接受职业陶冶者，学校并未予以有效地课业辅导。国民中学与职业学校之间，又未能取得有效的合作，以致国中毕业生未能升学者，缺乏就业能力。

（六）就大学和独立学院而言，我们一直未能打破传统观念，坚持三个学院以上始能组成“大学”，以致若干学校竭力增设学院，以符合设立大学的标准，驯至备多力分，难以表现其特色。实则今日大学教育的重点，在于研究高深学术，培养专门人才。其中医、工、农等科，似宜鼓励其建立“单科大学”，以便于独立发展，而不应鼓励其增设许多学院，以致成为一个缺乏特色的普通大学；惟单科大学仍应加强通才教育，以扩大学生学习领域。

（七）今日社会进步快速，成人进修教育日益重要。惟各大学对于“推广教育”的重视程度并不一致。许多大学校舍，在夜间及寒暑假期间，任其闲置，并未充分加以利用，办理成人进修教育。

（八）大学修业年限，采“学年学分制”以来，缺乏弹性，高级中学亦然，以致资赋优异之学生，无法脱颖而出，缩短其修业年限。对于具有特殊天赋或专长一科的学生，亦因高中及大学考试科目的限制，无法取得入学的机会。

（九）现今欧美若干国家，其中、小学师资，均须接受严格的师资训练，且小学师资训练的水准，已提高至大学程度。“我国”小学师资固然大多受过专业训练，惟其程度仍停留在专科阶段。中学师资的来源庞杂，半数以上未曾受过专业教育。职业学校所需专业科目的师资，亦未能充分供应。是以师资培养制度，必须予以加强。

（十）对成人教育与进修教育，尚未予以充分重视。为实现“全民教育”和“终身教育”的理想，并使每一国民于“学习——工作——学习”的不断自我充实中，增进其适应多元化与变动迅速之社会环境的能力，同时藉以改变社会“升学主义”的观念，今后对推广教育、补习教育与空中教育均应继续加强。

学制改革研究小组认为现行学制既与社会实际需要有上述脱节之处，自应予以切实改进。惟教育系国家的百年大计，有关学制改革的建议，必须特别考虑到以下两点：

（一）可行性

（二）前瞻性

这就是说，学制的改革应兼顾现实的社会环境与未来的发展趋向。同时，为期确能弥补现行学制的缺失，我们希望改革后的学制，尽量具备：

（一）创新的精神

（二）弹性的制度

要想使改革后的学制真正符合以上的要求，因而我们在研拟改革方案之前不能不确定一些做为改革依据的基本原则。经过多次研讨修正以后，遂商订十项改革的原则如下：

（一）为防止“形式主义”与“升学主义”的流弊，除应多方消除社会有关因素外，今后学校制度应按学校性质，以“幼儿教育”、“国民教育”、“技艺教育”、“学术教育”、“师范教育”、“社会教育”与“特殊教育”等，为分类的依据，而不再采取目前所用的“初等教育’、“中等教育”、“高等教育”等名称。

（二）为实现“我国”“有教无类”及“因材施教”的传统教育理想，充分发挥教育机会均等的精神，学制应采取“单轨多支”的型态。

（三）为针对当前“国家”建设实际需要，各类教育的规划，应配合人力供需计划，以提高教育投资的效益。同时须注重提高国民知识水准及文化陶冶，以适应社会未来发展的趋势。

（四）为适应学生个别差异与学习性向以及各地区之特殊需要，各类学校制度的厘订，应根据“创新”与“弹性”的原则做多元化的规划，并选定地区或学校，进行学制改革的实验。

（五）为使学制成为有机的结构，各级各类学校除应发挥其独特的功能外，并须力求“上下衔接”与“相互沟通”的便利。

（六）为培育各级学校健全师资及各类专业人才，应建立师资与专业人员养成制度及进修制度，以适应社会进化的需要。

（七）为使教育上不致产生“孤立主义”的现象，家庭教育、学校教育与社会教育应作密切有效的配合，以实现“整体教育”与“终身教育”的理想。

（八）为加强特殊教育的实施，各级各类学校应在制度及课程上妥善规划，以贯彻人尽其才与材尽其用的理想。

（九）为配合社会需要及提高国民文化水准，对于幼儿教育及成人进修教育，应分别建立制度，并使其与各级各类学校教育密切联系。

（十）为促进国际间学术合作与文化交流，各类学校的修业年限及课程内容等，应参酌世界各国教育发展趋势，不断作适当的调整与修订。

学制改革研究小组根据以上十项原则，自一九八三年四月开始，每月集会一次至两次，各委员充分交换意见，达成共识，最后拟订甲、乙两项改革方案，甲案系近程的，对现况变动较少，实施较易的建议案。乙案系中、长程的，对现况变动较大，较具前瞻性的建议案，我们为慎重起见，曾将甲乙两案与学校系统图由“教育部”公诸报端及分送有关人士征求意见，同时提交教育学术团体联合年会公开讨论。最后“教育部”为集思广益，特再邀约经建、科技、文教机构主管及中央民意代表举行综合研讨会，坦率而深入地相互交换意见。财经界贡献极大的李国鼎先生一向对教育问题至为关切，曾亲自写信给我，表示他对学制改革的看法和建议，而海外的文教界人士因看到报纸上刊载的学制改革方案，也纷纷来函提出意见。本小组对任何人的意见，都同样加以重视。而且在研究小组第一次开会时，我即向各委员说明教育问题见仁见智，难期一致，每一案经大家讨论通过后，仍将出席人所提出的各种不同意见记录下来，表现“少数服从多数、多数尊重少数”的民主精神。所以就学制改革方案整个研讨的过程而言，可以说已尽量做到“博采众议”了。

一九八四年四月，学制改革研究小组遵照“教育部”预定的一年完成的期限，将学制改革方案呈报朱部长，朱部长完全同意，并嘱我写一专文在报纸发表。使社会大众对学制改革方案的研议经过与内容更能有所了解，于是我便写了《关于学制改革方案要点的说明》一篇长文，在一九八四年五月十四日、十五日、十六日的《中央日报》上发表。同时，我又与正中书局接洽，希望将此次学制改革小组历次会议记录以及过去多年来有关学制问题的论著与此次各方面所提书面意见，编成一本专书，由正中书局出版。我因系正中书局的常务董事，正中慨予同意。此书最大的特色，就是各次会议中，每一委员的发言，无论通过与否，均照其书面意见列入会议记录中，不过只有一件例外，就是在讨论师范教育问题时，师大教育学院院长雷国鼎委员曾建议将高雄师范学院与彰化教育学院改为师大高雄分校与彰化分校，他的理由是台湾幅员甚小，实无分设三所培养中学师资的必要，如改为师大分校，不仅可减少独立设校的经费，而且亦可齐一各校教学的水准。当时也有赞同雷院长意见的委员，不过我婉劝雷院长打消此一建议，更不必列入纪录，因我系师大首任校长，此次又担任小组召集人，若通过此一建议或列入会议记录，将来必将引起高雄师院与彰化教育学院以及社会人士的误会。雷院长顿能体谅我的立场，遂不坚持其建议，并表示无庸列入会议记录。由这件小事上，便可看出很多问题的处理，是不能不从理论与实际两方面加以考量的。

我国自实施新式学校制度以来，关于学制的制定与公布，都是政府最高教育行政主管机关的权责。例如光绪二十八的

“钦定学堂章程”和二十九年的“奏定学堂章程”以及民国十一年的“新学制”，便系由“学部”和教育部公布实施。依照以往惯例，“教育部”对此次学制改革研究小组经过一年时间研究后所提出的学制改革方案，既经予以核定，便可公布实施，可能由于朱部长个性稳健，以及目前政治环境与过去不同，乃将此案报请“行政院”核定，本来以为这只系例行公文，“行政院”不会表示异议，那知此文报院后，“行政院”人事局部改组，“教育部长”改由李焕继任。“行政院”为尊重新任部长意见，乃将此一学制改革方案重交李部长加以考虑后再行报院核定。李部长对此一改革方案在原则上表示支持，他接任不久，便邀请我与孙邦正先生在台大校友会馆餐叙，他说准备将此一改革案以“化整为零”的方式逐步加以实施。以后他应邀到“国家安全会议国家建设研究委员会”作专题报告时，会中陈委员雪屏曾谈及此一学制改革方案，认为此案考虑颇为周密妥善，“教育部”是否决定予以采纳，李部长也同样表示将以“化整为零”方式陆续实施。可惜李部长在任时间不长便转任国民党中央党部秘书长，以后几任“教育部长”便未再提及此一学制改革方案，古人云：人亡政息，现在应该说是人去政“变”了。

台湾大学校长傅斯年先生在世时，经常对我半开玩笑地说：“你们有一些研究教育的人，国学根柢太差，对中华传统文化认识不足，往往写不出够水准的文章，甚至所创造的新名词和翻译外文的术语，颇多不妥之处。”傅校长一向不大看重学教育的人，他以前在北平一本杂志上发表了《教育不成为一种学问》的文章，引起大学教育系教授的群起驳斥。我个人固然不完全赞同傅氏的看法，可是我们研究教育的人却也不能不自己加以反省。即以此次所研订的学制改革方案为例，我们特别将沿用已久的“幼稚教育”改为“幼儿教育”，“幼稚园”改为“幼儿园”，就是认为“幼稚”在中文上系与“成熟”相对的名词，其代表的涵义属于“知识”或“认知”的层面，与年龄无关。而“我国”现在的幼稚教育和幼稚园，则完全系基于学童的年龄所决定的名称，大体说来，现在幼稚园所招收的均为四岁至六岁尚未达接受义务教育年龄（六岁）的儿童，多年来一直称之为幼稚园。学制改革研究小组同仁认为此一名称颇不妥当。因为一个人是否“幼稚”，与年龄并无关系，试看社会上有些大专学生以及受过很高教育的人，其所表现的行为仍然非常“幼稚”，不够成熟，所以建议将沿用已久的“幼稚教育”和“幼稚园”，改称“幼儿教育”和“幼儿园”。可是此一学制改革方案自一九八四年经“教育部”核定后，不仅“教育部”未能照李焕部长所表示的“化整为零”的方式去实施，就连“幼稚教育”和“幼稚园”两个不甚妥当的名词，也未变更，一直沿用至今。而大陆的中共政权近来却已开始使用“幼儿教育”和“幼儿园”的名称。至于他们是否受到我们学制改革方案的影响，那就不得而知了。

我国自清末实施新教育以来，欧美日本各国新的教育学说与制度，都曾陆续被介绍到中国来。尤其在民国十年前后，美国各种新的教学方法，如雨后春笋，纷纷在国内各地举行试验，真是五花八门，不一而足。可是曾几何时，便烟消云散，所谓道尔顿制（The Dolton Laboratory Plan）也被人讥为“逃而遁制”了。我们知道，凡属人文及社会科学方面的思想、学说，无不与其本国的文化背景有密切关系，而外国的典章制度，也不能毫无选择的引进到国内来，因为社会科学与科学技术不同，科技方面的原理原则，可以放之四海而皆准。而各种社会问题如政治、经济、教育等，外国行之有效的制度与政策，不一定适用于中国。可是近年以来，我们教育方面却有一种很有趣的现象，那就是中国人总是“崇尚外国”；而外国人则反劝我们“尊重自己”。例如数年前应邀前来访问的美籍顾问马丁博士，便认为我们应根据自己的需要，研究解决中国教育问题的办法。更批评我们的教育太美国化，不应将一种外国学术文化整体地移植到中国这片土地上。自然我们不能因为外国人的几句话而妄自尊大，不肯虚心学习外国的长处，但我们却必须坚信，我们的教育问题很难采用与外国相同的办法来解决。

记得十几年前我在美国纽约时，偶然遇见国际著名的我国教育界前辈晏阳初先生，他很慨叹向我表示，近年有很多国内大学教育系的毕业生到美国留学，获得硕士、博士学位后便返国任教。可是就他的观察，这班年轻的博士对中华传统文化和国内社会情况大多缺乏深切的认识，而对美国的国情更是一知半解，可以说既不了解中国，也不了解美国，一旦回到国内在大学从事传道授业解惑的工作，怎能保证不会对青年学生产生误导的情形？晏先生对我说这番话时，颇有一种无奈和忧虑的表情。我现在回想晏先生当时用英文所说的一句话：“Non-Education is better than Mis-Education”己说成中文便是“无教胜于误教”，实在值得大家深思。

学制问题只是整个教育问题的一环，学制改革研究小组在一年内举行各种研讨会时，大家自难免有见仁见智的情形，可是自一九八三年四月至一九八四年四月整整一年中，小组委员无不按时参加会议，各抒己见，达成共识，如期完成了一套具体的学制改革方案，对朱部长和关心教育的人士，总算有了一个交代。正中书局所出版的一本八百余页的《中国学制改革之研究》一书，从编辑到校对，我都亲自参与了工作。各位小组委员对整整一年费尽心血所研订并经“教育部”核定的学制改革方案，竟未能见诸实施，自然内心深感遗憾。同时，站在整个国家的立场，我们自民国十一年订颁“新学制”以后，历时六十余年，对于学校制度所发现的缺失，总是只做一些临时的“修补”工作，从未像这一次系根据教育理念与“本国国情”所研订而成的一套具体的学校制度。此一改革方案纵然内容不能说尽善尽美，但总算建立了一个完整的而非抄袭外国的学制架构。记得有一位国内教育行政高级主管在接待国外的教育访问团时，外国访问团的团员希望得到一份中国的学校系统图，可是我们却拿不出来，这是多么令外国人失望的事。我想我们研订的这个学制改革方案中所附的学校系统图，至少可以作为教育行政主管向外国访问团作简报的资料。而正中书局出版的这本内容相当丰富的专书，更具有对研究中国学制乃至整个教育问题者的参考价值，或者也尚可说是“功不唐捐”吧。

十八、应聘担任教育大辞书编纂委员会主任委员

我国教育辞书，自民国十七年商务印书馆出版一部以来，至今尚无新书问世。“国立”编译馆曾馆长济群以编辑各类工具书，为该馆重要职责之一，乃决定编纂一部内容丰富与新颖的《教育大辞书》，以提供从事教育研究者及一般大众使用。

一九九一年十月间，曾馆长来看我，表示要请我主持《教育大辞书》的编纂工作。我当即告以此一工作极有意义，惟目前想找到一些最合适的编辑人才颇为不易。民国十七年商务印书馆出版的那部教育大辞书，王云五先生所聘请的编辑大都是当时著名的学者，例如担任主编的朱经农和高觉敷两氏，便是在教育学和心理学方面造诣甚深的专家，其他许多位编辑，也都是一时之选。目前在台湾，要想找到具有当时那样水准的编辑，确有困难。而且编译馆准备编纂的这部教育大辞书，预定字数为两千万字，五年完成，“行政院”已核定预算约两千余万元，足见“政府”对此事之重视。

其后曾馆长又和我详谈数次，并将大陆刚出版的教育辞书

给我作参考。我看了以后，觉得大陆所出版的这套书，内容包括项目颇多，共有二十册，编辑人员中有几位还是我很熟的朋友。这套书和大陆所编印的其他各种工具书籍一样，就是总脱离不了共产主义的“意识形态”，丧失了学术的客观性。甚至因基于政治的立场，对台湾地区教育情况的介绍，显示了很大偏见。于是我便向曾馆长表示我对编纂教育大辞书的看法。我认为学术应绝对保持“中立性”的超然态度，不牵涉政治立场，尤其工具书更应如此。关于编辑人员的遴聘，必须特别审慎。我认为担任编辑工作者，第一，要有正确的教育理念，不能有个人的偏见；第二，语文的根柢要特别好，尤其国文的表达能力不能太差；第三，外文译名应先求统一，人名地名等凡已使用多年成为惯用名词者不必轻易变更；第四，编纂工作进行过程中，各类组负责人应定期交换意见，并于必要时邀请有关专家参与讨论；第五，初稿完成后，应聘请国学根柢特优并富有编辑经验者予以文字润饰，务期体例一致，文字精简；第六，对大陆及港澳地区教育之介绍，应同等重视，不宜有任何偏见，俾此一教育大辞书出版后，各方面均乐于采用。

曾馆长完全同意我的看法，于是我也就勉予应聘担任教育大辞书编纂委员会的主任委员。同时我与曾馆长经多方考量后，决定由曾馆长兼任副主任委员，并另聘贾馥茗教授为副主任委员兼总编纂，伍振鷟教授、杨深坑教授、黄发策教授为副总编纂。本辞书内容分十二大类，各类下再细分学门，分别由编纂委员担任主编，十二大类的名称及主编如下：

教育哲学类：贾馥茗教授（兼）

教育史类：伍振鷟教授（兼）

学生与学习类：林清山教授

教育与社会文化类：林清江教授

教育行政类：黄昆辉教授

教育内容类：欧阳教教授

教学类：吴铁雄教授

教师类：张寿山教授

教育研究类：梁尚勇教授

各国教育制度类：郭为藩教授

教育资料类：叶学志教授

大陆地区教育类：程介明教授

为便于搜集大陆地区最新资料，特聘请香港大学教授担任主编，藉示对大陆地区教育的重视。以上各类计共聘请编纂委员六十人，大都系第一流的学者专家，目前在丹麦担任“我国新闻处”代表的许智伟先生，系留德教育博士，曾任台湾省教育厅长及政大教授，我也请他兼任编纂委员，足见参与本辞书编纂工作的，并不限于台湾地区的学者，而本辞书将来出版后，使用对象更系海内外所有中国人。

教育大辞书的编纂工作，已于一九九二年元月开始，编纂委员会经过数次研商后，拟订了以下几项原则：

（一）正确性：工具书素被称之为“书中之书”，凡资料之引用，必须正确，不致误导读者。

（二）遣词用字力求严谨，论述必须客观，不可各抒己见，藉免众说纷纭，莫衷一是。

（三）检阅方法简明易懂。由于工具书所涉范围甚广，而条目之间彼此错综复杂，若检阅方法繁琐，则读者望而却步。同样，若工具书购买者仅用为收藏、点缀，则又失去工具书之价值。尤其面对“知识爆炸”的时代，我们需要追求各种新知，却无充裕的时间学习，而工具书正是浓缩各种相关知识的书籍，大家只要能拥有一部并善于使用，则于忙碌生活中，仍可获得所需的知识。因此检阅方法的简明易懂，最为重要。如果能将工具书中相关知识，经由编排的技巧而使相互参见，以达到知识的整合，更为检阅方法应该讲求的重点。

由于此次所聘请的六十位编纂委员，除少数系教育界旧识外，其余均为师大及政大毕业校友，故在意见沟通上，尚无困难。一九九二年五月，曾馆长调任“国立中央图书馆”馆长，新任馆长赵丽云博士，亦系师大毕业校友，为便于推动工作，编纂委员会同仁决定增聘赵馆长兼任本会副主任委员。就过去十一个月工作进行情况看来，相信一部内容完备、精要、实用的教育大辞书，当可于四年后如期问世。

这部教育大辞书所订的“撰述体例”，也许可供今后编纂此类工具书者的参考，特附录于后：

教育大辞书撰述体例

一、书写方式及字数

（一）辞目撰述时，请用黑色钢笔或原子笔，以横式书写于本大辞书之专用稿纸上。

（二）辞目之撰述，请用正体字，行文力求简明，字迹并须清晰。

（三）每一辞目释文以不超过一千字为原则；但如确有必要，亦可不受此限。

（四）每一辞目均编有号码，以不重复为原则；凡辞目经编号键入电脑后，编号即不能再变更。若遇有辞目删除时，其所属编号亦不宜填补其他辞目；新增列辞目，应另行编号。

二、分层编号之方式

（五）辞目释文有细分之必要者，请依下列标示方式分层编号：

一、

（一）

1.

（1）

①

数序只有一层者用第一种，有二层者用前二种，有三层者用前三种。依此类推。

三、参考书目及书名之标示

（六）辞目释文不作注释，若有重要参考书目，应于释文中叙述。其表达方式为：

作者——书名（篇名）

（七）书名、期刊名、篇名皆以方括号〔　〕表示之，如〔学记〕。如附有外文，则以圆括弧（　）置于方括号〔　〕之后，如:〔动机与人格〕(Motivation and Personality)。书名、篇名共列时，以音界号（·）间隔，如:〔诗·周南·关雎〕。各书卷次，随书名置于方括号〔　〕中，如:〔汉书卷三十·艺文志〕。

四、专有名词之处理

（八）辞目中之外文人名、地名、政府机构、社团组织，或其他专有名词、术语，均请于各则首次出现时以圆括弧（　）附注原文，若有简称，应附于其后，如：联合国教育科学与文化组织（United Nations Educational, Scientific and Cultural Organization，简称 UNESCO.）。机构、组织请用全名。

（九）人名、地名、年号、专有名词等，皆不加专名号。

五、外文中译之原则

（十）外国人名，宜将姓中译，并将原文姓、名一并在所附之圆括弧内列出，姓在前，名在后，例如：桑代克（Thorndike，Edward L.）。

（十一）外国人名中译，以商务印书馆所编〔教育大辞书〕之译名为准；最近数十年者，请先中译，中译时宜依原文发音，译名并以有中国意味者为佳；尔后再共商译名之统一。

（十二）外国地名中译，以“国立”编译馆编订之〔外国地名译名〕为准。若地名有古今之差异，应使用当时名称，再于括弧中注明今名。

（十三）特殊意义之外文用语，请用意译，勿用音译。例如“democracy”一字应译作“民主”，勿译为“德谟克拉西”。

六、年代之记载

（十四）记载人物之存殁年代，请置于圆括弧（　）中，如：杜威（Dewey，John 1859—1952）；年代不详者以“？”表示，名不全者，可用缩写。中国年历叙述于文中，其后以圆括弧加注西元年代。

七、英文字母大小写之原则

（十五）释文中之英文，一般名词起首字母均用小写；专有名词起首字母用大写，如为词语，其中冠词、介词、连接词等起首字母用小写，其余各字之起首字母均用大写，如：“国立”编译馆（National lnstitute for Compilation and Translation）。

（十六）辞目之英文名称，第一字之起首字母均用大写。若为一般名词，其余字母均用小写。若为专有名词，写法同上。

八、对他人著作权之尊重

（十七）参考他人著作，以尽量简短为宜；如侵犯其著作权时，由执笔人负责。除引用原文字句附于文后（　）者外，所参考之文献请复印附于释文之后。

九、索引辞目之编列

（十八）凡在释文中之名词，有下列情形之一者，应列入索引辞目中：

1. 该辞目之同义字或同义词。

2. 该名词之解释占有相当篇幅者。

3. 虽无解释，但可能依此检索者。

索引辞目若有英文名称者，请附注于圆括弧（　）内。

十、数字使用之原则

（十九）应使用阿拉伯数字之情况

1. 西元世纪、年代、年、月、日、时间。

如：西元前 4 世纪、50 年代、1991 年 6 月 28 日、下午 2 点。

说　明

（1）年份不能简写，如 1991 年不能写为 91 年，1986—1990 年不能写为 1986—90 年。

（2）西历一律用“西元”。西元前之年代应写“西元前”，如：西元前 18 年。西元后之年代，若为 3 位数以下（含 3 位数），则加写“西元”、“年”，如：西元 20 年、西元 321 年；若为 4 位数，则不加“西元”、“年”，如：民国 80 年（1991）。

（3）人物生卒年如横跨西元前后者，则分别注明西元前及西元后，如：汉光武帝（西元前 6 年 ~ 西元后 57 年）。

2. 记数与计量（包括负整数、分数、小数、百分比、约数）

如：12,345　　－5.25　　1/10　　0.34　　85%　　5:1

20 公里　　500 公克　　34℃　　北纬 38°50'　　40 公斤

说　明

（1）4 位与 4 位以上之数字，采三位分节法。如：236，500。

（2）5 位以上之数字，若尾数有许多零，可使用万、亿为单位（千克、千米、千瓦、兆赫等法定计量单位不在此限）。

如：689,000,000 公吨可改写为 6.89 亿公吨，或 68,900 万公吨，或 6 亿 8,900 万公吨。

（3）以阿拉伯数字书写之多位数不可移行。

（二十）应使用中文数字之情况

1. 惯用语、缩略语，或具有修辞色彩等语句中之数字，如：一切、二氧化碳、三思而后行、路易十四、五四运动。

2. 邻近两个数字连用，表示概数时，应以顿号（、）隔开。如：三、四人，十五、六岁，七、八十天，一万六、七千元。但若为习惯用语则不在此限，如十之八九、三五成群。

3. 星期几一律用中文数字，如：星期四。

4.“正月”、“元年”则依原字样著录。

十九、出任中山学术文化基金会董事长

一九九二年三月，我被推选为“中华民国”中山学术文化基金董事会董事长。

“中山学术文化基金会”系由各界纪念国父百年诞辰筹备委员会，于一九六五年九月二十五日第三次筹备委员会议决议成立，除决定拨给新台币六千五百万元作为原始基金外，并聘请王云五、张道藩、徐柏园、何应钦、于斌、谷正纲、谷凤翔、黄季陆、黄朝琴、谢东闵、陈可忠、李熙谋、罗家伦、郭骥、林挺生等十五人为董事。

同年十月五日，举行首次董事会议，一致推选王云五为董事长，张道藩、徐柏园为副董事长，并通过聘阮毅成为总干事。会中决定先行设置五个审议委员会:（一）奖学金及专题研究奖助审议委员会，由王云五任召集人;（二）学术著作奖助审议委员会，由黄季陆任召集人;（三）文艺创作奖助审议委员会，由张道藩任召集人;（四）技术发明奖助审议委员会，由何应钦任召集人;（五）经费运用审议委员会，由徐柏园任召集人。其后董事会议复通过“翻译世界名著办法”，设置名著编译委员会，由叶公超任召集人。中山学术文化基金会自成立以来所推展的各项工作，大体可从这六个委员会的设置略知梗概。

中山学术文化基金会为财团法人组织，于一九六六年四月二十六日奉“教育部”台（55）高五六一八号代电，准许设立，同年五月十八日向台北地方法院办妥法人登记。

依照该会章则之规定，中山学术文化基金之使用，以奖助及发扬有关国父思想之学术与文化事业为主。其范围为：（一）国内大学研究院所各种奖学金之设置；（二）大学及研究院所讲座之设置；（三）学术著作之奖助；（四）文艺创作之奖助；（五）技术发明之奖助；（六）专题研究之奖助；（七）其他有关国父思想之学术及文化事业之奖助。

董事会自召开首次会议以后，为积极开展各项有关工作，于当年年底即购置台北市永康街十三巷二十三号一幢三层楼房作为会所，并着手草拟各项有关章则及办法，作为工作之依据。至次年六月四日经董事会议通过者，计有：基金章程、董事会会议规则、董事会审议通则、奖学金及专题研究奖助审议委员会审议细则、学术著作奖助审议委员会审议细则、文艺创作奖助审议委员会组织规则、文艺创作审议委员会审议细则、文艺创作奖助审议委员会评审办法、技术发明奖助审议委员会审议细则、讲座设置办法、硕士及博士研究生奖学金设置办法、专题研究奖助办法、翻译当代世界名著办法、董事会办事细则及会计规则等十余种。

我参加中山学术文化基金会工作，历时甚久。初系受聘担任学术著作审议委员会委员，嗣于一九八八年受聘为董事，仍兼学术著作审议会委员。本（一九九二年）年三月二十七日，举行第五十三次董事会议，因董事长杨亮功先生不幸逝世，乃被全体董事推选继任董事长。现任董事会董事长、副董事长及全体董事名单为：董事长刘真、副董事长谢东闵、孔德成。董事谷正纲、蒋彦士、吴大猷、陈雪屏、林挺生、罗光、张宝树、徐庆钟、张导民、赵自齐、夏汉民、郭为藩等。自董事会成立迄今，先后任董事长者为王云五、杨亮功两先生，先后任副董事长者为张道藩、徐柏园、黄季陆、郭骥等诸位先生。

各审议委员会按规定均设召集人及副召集人。各审议委员会开会时，由召集人任主席。召集人未能出席时，由副召集人任主席。现各审议委员会召集人及副召集人名单为：（一）奖学金及专题研究奖助审议委员会召集人刘真，副召集人罗光。因本委员会召集人历来均由董事长兼任，故先后任召集人者为王云五、杨亮功，任副召集人者为于斌。（二）学术著作奖助审议委员会召集人陈雪屏，副召集人李新民。以前任召集人者有黄季陆，任副召集人者有程天放、杨亮功。（三）文艺创作奖助审议委员会召集人胡一贯，副召集人李猷。以前任召集人者有张道藩、谢然之、马寿华、叶公超、陈纪滢等。其中谢、马、陈三人均曾先后任副召集人。（四）技术发明奖助审议委员会召集人顾光复，副召集人郑振华。在何应钦任召集人时，先后任副召集人者有李国鼎、郦堃厚、陈舜耕、顾光复等。（五）基金运用审议委员会召集人张导民。以前任召集人者有徐柏园、郭骥。（六）名著编译委员会召集人朱建民、副召集人许智伟。以前任召集人者有叶公超、浦薛凤，任副召集人者有张兹开、高思谦。本会总干事原为阮毅成，一九八八年阮毅成逝世后改聘胡一贯继任，本（一九九二）年七月胡一贯先生坚请辞职，改聘施金池先生继任。

中山学术文化基金会自成立以来，已届满二十七年。在这段时期中所推展的工作，计有：核发大学研究所博士及硕士研究生奖学金、设置专题研究奖助金、在各大学设置中山讲座、颁发学术著作奖助金（分学术著作奖金及出版补助）、文艺创作奖助金（分文艺创作奖金及出版补助）及技术发明奖助金，至翻译当代之世界名著，则交由特约书店（主要为商务、正中、幼狮、联经及黎明等）出版，计已印行《中山学术文化集刊》（每年发行二次），并提供商务印书馆编印《中山自然科学大辞典》及《中正科技大辞典》稿费，以及支助美国圣荷西市兴建中山纪念堂等。这些工作迄一九九二年六月底止，共支出新台币一亿六千余万元（不包括行政及管理费用）。

关于基金运用方面，本会原始基金为新台币六千五百万元，历年共计收入利息新台币二亿四千一百余万元，其他收入（包括开办费补充基金及版权费等）新台币四百万元，合计为新台币二亿四千六百余万元。除支出各项奖助金及行政管理费用外，现尚结余资金计为新台币一亿一千万元左右。此外，尚有自购会所计土地七七·八四七坪，房屋一六七·六一一坪，依时值估计约在五、六千万元之谱。

本会基金之支用，规定限于基金之孳息。二十余年来由于银行利率不断下降，基金孳息收入由十余年前每年最高一千五百余万元，降至最低七百余万元，目前维持在九百余万元左右。兼因物价逐年提高，币值相对贬低，而经费支出渐增，以致基金所能运用于奖助之款项，日见短少，若干奖助项目不得不予以减缩或暂停（经董事会会议决定，自一九八三年度起先暂停博、硕士奖学金、专题研究奖助及中山讲座三项）。本年八月举行第五十四次董事会会议时，大家认为历年所办技术发明奖助一项，其得奖作品与学术著作奖助中之理工部门，在功能上每有重叠，遂决定自本（一九九二）年起暂行停办。故本基金会在初创之时，基金虽甚为丰厚，但目前可支用之经费则颇为拮据。

学术著作奖助、文艺创作奖助及技术发明奖助为本基金会之三大主要奖助，本（一九九二）年虽决定将技术发明奖助一项暂行停办，但学术著作与文艺创作每一得奖人之奖金则提高为新台币三十万元，藉资激励。此三项奖助，在本会创立之初每名奖金为新台币五万元，一九七七年增为八万元，一九八〇年增为十二万元，一九八三年增为十五万元，一九八五年起增加为二十万元，至一九九一年，历七年之久未曾改变。而在此期间，国内其他机构之学术、文艺奖金，有提高至五十万元者，故决定自本年起增加为三十万元。

关于基金之扩增与运用，现已决定将分两方面进行。一方面，为筹集本会基金及推展业务经费，董事会业已成立“本会基金与推展业务经费筹集小组”，由本会副董事长谢东闵先生为召集人，董事蒋彦士、张导民、赵自齐、郭为藩为小组委员，刻正积极着手进行。另一方面，则将广求社会资源，与各机关及公益团体合作，举办各项有关工作，力谋国父思想能在国内扎根及向国外弘扬。目前决定举办之工作，约有左列各项：

（一）继续办理学术著作及文艺创作之奖助。

（二）与中央日报合作编印《中山学术论坛》双周刊。

（三）与台湾省政府教育厅及正中书局（或台湾书店）合作编辑《中山文库》一套，将精选适合一般青少年及国民阅读之各学术领域之重要书籍一百册，预计三年完成。现已成立编纂委员会着手进行。

（四）约请学者编撰《中山思想答问》一书，并委托台湾师范大学三民主义教育思想研究中心，搜集以往学术界人士所撰有关阐扬中山思想而确具卓越见地之文字，汇编成册，定名为《中山思想要义》，以供一般青年及国民阅读。

（五）与中央日报合作，举办“中山思想与台湾经验研讨会”，拟约请对中山思想有精深研究之学者及曾参与各项实际工作富有经验之专家，分政治、经济、社会、文教四部门进行深入之研讨。此项研讨内容，除由中央日报随时予以披露外，并将结集出版，俾广流传以扩大影响。

《中山学术论坛》创刊号已于一九九二年十一月十二日国父诞辰，在中央日报国内版与国际版同时刊出，创刊号中除我写了一篇《创刊献言》（附后）外，尚有谢副董事长东闵所写的《中山思想与国家建设》，中央研究院院长吴大猷所写的《心胸广大的中山先生》，政治大学哲学系主任沈清松所写的《中山思想与第三条路》等文。第二期于一九九二年十一月二十六日刊出，内容有："行政院""国家科学委员会副主任委员"朱炎所写的《黄河之水天上来》，前辅仁大学校长罗光所写的《三民主义的中庸性》，美国印第安那州立博尔大学经济学教授郑竹园所写的《民生主义引导世界潮流》以及中央日报记者马西屏以越洋电话访问寓居美国洛杉矶的九二高龄的吴俊升教授的《学人动态》专稿一篇。这两期《中山学术论坛》刊出后，颇获学术界及一般社会好评。

中山学术文化基金会是国内最重要的基金会之一，以前两位董事长王云五、杨亮功已在其任内奠立良好的基础，今后我自当竭尽心力，与全体董事共同推动会务，以实现本会创立时的远大理想，并达成现阶段应负的时代使命。

附："中山学术论坛"双周刊"创刊献言"

刘真

今年五月八日，法国前总统季斯卡在我国立法院发表演说，认为中国应在孙中山先生理念下获得统一。空谷足音，发人深省。中山学术文化基金会自民国五十四年成立以来，即以阐扬中山思想及奖助学术研究为主要工作。最近董事会决定与中央日报合作，编印《中山学术论坛》双周刊，于本年十一月十二日中山先生诞辰问世，在该报国内及国际版同时刊出，以期中山思想能在国内扎根，向国外弘扬。兹于创刊之日，略陈管见，藉当芹献。

中山先生不仅是创立中华民国的“国父”，而且也是广受国际人士推崇的一位伟大的思想家。中山先生自谓其思想学说的主要渊源，乃系数千年来中华民族文化中的一贯道统，而孔子的大同思想，尤为其终身所向往。故中山先生一生欲谋解决的，乃是中国和全世界人类的共同问题。他的思想学说之所以能够受到各国有识之士的重视，自非无因。

蔡元培先生在所撰之《三民主义的中和性》一文中，谈及古今中外许多思想家和政治家所提出的解决人类问题的主张，大都趋向于两个极端。例如中国法家的极端专制，道家的极端放任。又如西方人士主张自由竞争的，则要维持私有财产制度，主张阶级斗争的，则要没收资本家的一切所有，这些都是两极端的意见。而具有“中和性”的三民主义，则是“执其两端，用其中”。主张不走任何一极端而选取两端的长处，使之互相调和。所以蔡先生说，能够提出解决人类问题的根本办法的，“只有我们孙先生，他的办法就是三民主义”。因此蔡先生一生服应三民主义，成为中山先生最忠实的信徒。

从中山先生传记中，可知他青年时期所接受的是医学的专业教育，故对自然科学具有良好的基础。加以他博览中国的经史典籍，并精研西方的“经世之学”，所以他的思想学说，实涵盖了人文、社会及自然科学的各种领域。因而他对达尔文的进化论、马克斯的唯物史观以及西方的资本主义，均能指出其错误和偏差。例如他所主张的民族主义，乃在追求中华民族与世界民族一律平等，绝非如西方的军国主义，只求扩张武力，以显示其民族的强大，并不惜以武力侵略其他民族，以致成为帝国主义。至中山先生民权主义所强调的权能区分，民生主义所强调的均富观念，均可证明他的思想学说的“前瞻性”与“优越性”。而中山先生一生主张“把中华民族从根救起来，对世界文化迎头赶上去”。正如孔子一样，他真正是一位“圣之时者”的伟大人物。

中山先生常言：“有道德始有国家、有道德始成世界。”环顾今日国内则社会风气日趋败坏，“四维不张”，人心陷溺。而国际间则尔虞我诈，战乱不息。在这整个世界人人缺乏安全感的环境中，我们更不能不钦佩中山先生数十年前的真知灼见。他这两句特别重视道德的“醒世警语”，实在是人类所赖以共存共荣的金科玉律，更为一种颠扑不破的真理。今日由于交通及电讯的便捷，有人常称现在全世界为一“地球村”；但如在此地球村生存的人没有“命运共同体”的意念，则所谓地球村，仅系一空洞的名词。中山先生所遗墨宝中，最常见者为“博爱”与“天下为公”数字，我们倘能广为宣扬他这种“为往圣继绝学、为万世开太平”的理念，则大家所居住的地球村，将可呈现一片祥和的景象，使人类获得永久的和平与幸福。

我们细读《中山全集》一书，便可看出中山先生一生的著作与言论，不仅有完整的理论体系，同时也提出了实现其政治理想的具体方案。而且他一生特别强调“实践”的重要，故创有“知难行易”的学说。所以我们今日研究中山先生的思想学说，似不宜专注意于其理论的层面，甚至把他的三民主义视为一种“意识形态”或政治上的教条；而应以中山先生思想学说的重要理念为基础，进而参酌各种学术研究的最新成果，与世界潮流未来发展的趋势，以及我国社会当前的实际需要，藉使中山先生思想学说的内涵，能不断增补充实，与时俱进，成为“以建民国、以进大同”的主要指标。

蒋梦麟先生于民国四十一年三月十三日，在台湾新生报发表了《从日常生活经验谈三民主义》一文，特别指出我们不应把三民主义“经院化”。他说：“我们愈把它经院化，就离开人民日常生活愈远。终至我们愈讲得多，人民愈觉得不懂，或竟觉得讨厌。我讲这些话，并不是说三民主义不应该作较深的研究，而是说我们一面要求高深，一面还要求普及。”梦麟先生这一段话，实在值得我们研究中山先生思想学说者的深思。谢东闵先生最近曾谈及所谓“台湾经验”，可以说就是三民主义在台湾实施的成果。谢先生言简意赅，信而有征，应可视为中山先生思想学说足以成为我国建国宝典的见证。

大家都知道，中山先生病危时的临终遗言，乃是：“和平、奋斗、救中国。”他对国人最后的昭示，就是希望国内任何政治问题的解决，都应采取和平的方式，而不必诉诸于武力。目前大陆若干大学均设置中山学术研究单位，而各县市亦多有“中山学社”的机构。大家倘能重视中山先生的此一临终遗言，并建立共识，当必有助于促进中国统一大业的顺利完成。

二十、我所认识的文教界人士

我从民国三十八年四月到现在，一直从事文教工作，经常会晤的也以文教界人士为最多。其中已经逝世卓有成就者，均有人为其作传。不过这些传记的内容，多偏重于较严肃的一面，以其学术、文章、道德、事功为主。这种传记固然重要，可是我想如果能由这些人平时待人接物的细微处加以介绍，也许更可由小见大，从平凡的地方看出他们不平凡之处。我现在所要谈的，只限于已经逝世者。我的用意一方面固在发潜德之幽光；另一方面也希望年轻的一代都能见贤思齐，像他们一样，成为受大家永远尊敬的知识分子。

胡适先生

我想要谈的第一位是胡适先生。

胡适先生的传记很多，大家也都很敬仰他。胡先生生于清光绪十七年十一月十七日（西元一八九一年十二月十七日），一九六二年二月二十四日逝世。他晚年来台主持中央研究院时，由于胡先生和我是安徽同乡，常常约我在星期日到南港小聚聊天。

胡先生是安徽省绩溪县人，本名是洪骍，后改名为适。一般传记对于他之所以取名为胡适的记载，多半是说胡先生在上海求学期间，读了严复所翻译的天演论，其中有“物竞天择，适者生存”之语，因而改名为适云云。但是胡先生亲口告诉我，他初到上海求学时，是就读于澄衷中学，后来因志趣不合，而转学至中国公学。王云五先生恰巧是他的英文老师。后因中国公学闹学潮，他遂离开中国公学。在这一段期间内，他生活上觉得非常苦闷，有一晚还被巡捕房抓去，因而对未来更感到彷徨。此时正逢北京的“清华留美预备学校”在招考学生，胡先生在报纸上看到这则消息后也想去应考，所以就取名胡适，意思是“无所适从”，不晓得要到哪里去之意，乃以胡适之名报考。

宣统二年（西元一九一〇年）八月，胡先生考取清华庚款留美官费生，由北京到上海，坐船赴美。进入美国康乃尔大学农科，一年半后，改习政治经济，兼治文哲。民国三年六月，大学毕业随进入研究院。次年九月转至纽约哥伦比亚大学，从杜威习哲学，这也是胡先生一生的转捩点，他受到杜威博士实证哲学的影响，故一生治学特别注重证据，常谓有一分证据说一分话。

民国六年五月，完成博士学科考试。七月返国，八月应北大校长蔡元培之请，至北大任教授。十二月，与已定亲之江冬秀小姐结婚。胡先生事母至孝，在他出国这段期间，他的寡母多赖未过门的媳妇江冬秀小姐来照顾。江小姐乃是一缠脚的乡下女子，书也读得不多，以当时胡先生的声望、地位来说，不知道有多少名门闺秀视为如意郎君，但是胡先生还是遵从母命，娶了江小姐为妻。

三十六年行宪之初，由于当时局势混乱，中国国民党总裁蒋中正曾在中央委员集会中表示：第一任总统最好不要由国民党党员来担任，以示国民党天下为公的精神，最好由具有声望的社会贤达来出任总统一职。并认为胡适是最理想的总统人选。但后因一部分常务委员反对而作罢。三十七年行政院改组，蒋中正总统想请胡先生出任行政院长一职，但亦为胡先生婉拒，胡先生一生无意从政，只愿作一位执政当局的诤友。

一九五二年秋，台大校长钱思亮和我联名写信邀请胡先生回国讲学。胡先生遂至台湾大学讲授治学方法，在师范学院讲授杜威哲学，为时共两个月。在这两个月期间，我与胡先生常常见面，彼此也更为了解。胡先生善饮，时常小酌两杯，又会讲笑话，为人风趣。虽然我是他的晚辈，他总称我白如兄。

一九五三年，师范学院要成立家政系、工教系。这两个系的成立是与美国宾州大学合作的，所以我就应邀到美国考察访问一年，并经常任在宾州大学校区。我一九五三年二月由台北飞抵华盛顿时，胡先生正在华府“我国大使馆”做客，他听到我来的消息，就留了一张名片给“大使馆”的秘书，请秘书通知我有空时到纽约和他聚聚。我到宾州大学后，便写了一封信给胡先生。约定四月的复活节，前往纽约拜会胡先生。

胡先生住在纽约中央公园附近一座公寓里的五楼，我到纽约打电话给他时，胡先生仔仔细细地告诉我往他家的路线，以及公寓的标志等等。当晚，他特邀请梅贻琦先生和我共进晚餐。胡先生的公寓很小，不到三十坪，由胡太太自己下厨，胡先生则亲自端菜。由于胡太太系裹小脚，不通英语，胡先生又不会开汽车，所以买菜都是叫市场的人送到家里来的。梅先生也善饮，在席间说了许多话。可是我曾听说梅先生以前和赵畸（字太侔，山东人，北大毕业，专攻戏剧，曾任山东大学校长）两人在北京会晤时，因彼此都不善言词，见面时只各自抽支烟就分手了。因为我知道梅先生不爱说话，但是那天却看到梅先生喝了很多酒说了很多话，于是便把我过去听到这件往事提出来问梅先生是否确系如此？梅先生笑笑说：“我不记得了。”胡先生藉这次机会，介绍梅先生和我认识，最主要的用意是想让我和梅先生谈谈如何运用庚款补助师院的有关事宜。中央政府在广州撤退之前，行政院改组，发表梅先生任教育部长，梅先生没有接受，于国外出席联合国文教组织（UNESCO）会议之后，就旅居美国纽约。清华大学有一笔基金存在美国的银行，由梅先生负责保管。梅先生就拿这笔基金的利息帮助在美国的中国留学生和台湾的大学院校。梅先生知道师范学院设备不足，就答应补助五千美金给师范学院。由此可见胡先生乐于助人，他请我和梅先生吃饭，目的并不在吃饭，也希望我能认识一位教育界的前辈。胡先生曾担任普林斯顿大学东方图书馆名誉馆长一年，他嘱咐我一定要去普大参观，并打电话通知当时的馆长童世纲，要他替我安排妥当，由此可见胡先生做人做事的周到。

一九五七年六月，美国全国教师联合会在费城召开，我以贵宾身份应邀出席。路经纽约时，胡先生又要请我吃饭，我知道胡先生刚因肠胃病动过手术，应该在家休养，不宜外出吃饭，就婉谢了。在我开完会将离美返国前，他忽然打电话到旅馆对我说，他不能到旅馆话别，可是有一件事令他觉得非常高兴，他一定要告诉我。就是李田意教授对胡先生说，他前一年在日本费了很多时间，才找到《拍案惊奇》的古本，就用照相翻拍下来，这些宝贵的资料邮寄又太重，而且他也不放心，我就答应把这份资料亲自带回台湾给正中书局出版。而我自己的行李，则托师范学院毕业在美国深造的学生邮寄回国。胡先生认为我能为国外学人热心服务，深表佩慰。后来这本书在香港出版，李田意特在前言中，提及此事表达谢意。

那时候纽约有个华美协进社，社长是孟治先生，有一天举行餐会欢迎我，胡先生也出席了这次的聚会。刚巧胡先生和夫人在我前面到达，我亲眼看见胡先生在来宾的签到簿上先签胡江冬秀的名字，然后才签自己的名字。他一生提倡新思想，可是却实行旧道德，夫妇相敬如宾，白头偕老，一直为人称道。

一九五八年春，胡先生应聘回台湾主持“中央研究院”，有一次我宴请台大客座教授赵元任、杨步伟夫妇，并邀梅贻琦和胡先生作陪。胡先生从南港来时，还带一瓶“菊”正宗日本清酒来，因为他知道我和内人都是留日的，所以才拿一瓶日本清酒给我们共饮。我在教育厅服务期间，胡先生有一次对我开玩笑地说，我作了官却替他带来不少麻烦。因为有许多人知道胡先生和我是同乡，常有人拜托胡先生写介绍信给我，希望能获得中学校长职位，胡先生曾坦率地告诉这些人，他说你如果真的是个当校长的人才，不妨毛遂自荐，不必托他写介绍信，胡先生说他从来不写推荐人的介绍信，以免增加朋友的麻烦，胡先生这种“己所不欲，勿施于人”的态度，便是儒家忠恕之道的表现。

大家都以为胡先生只注意国家大事，其实他也很关心小事。中研院旁边的旧庄国小，当时等于是中研院的子弟学校，有一天胡先生向我谈起，这所小学缺乏给水设备，更没有操场，希望教育厅帮一点忙，我就告诉他，旧庄国小属于台北县教育局主管，我会补助台北县一笔专款，由台北县教育局设法改善。旧庄国小在半年后操场落成，给水设备完工，胡先生便写了一封信给我，邀请我参加落成典礼，并对我说了一些感谢的话。当时校长是马袖宇女士。我们在典礼上照了几张照片，前几天我把它送给中央研究院胡适纪念馆主任委员吕实强先生，以为留念。

蒋中正“总统”为表示对胡先生的尊敬，特亲自参加胡适先生就任中央研究院院长的典礼，因为中研院有许多人与北大有关联，蒋“总统”在典礼中对五四运动颇有微词，胡先生在蒋“总统”致词完毕后就立刻对蒋“总统”说：“总统，你错了！五四运动纯粹是一种文化运动，与以后的左倾思想与共党活动并无很大关系。”这一件事给我的印象非常深刻，蒋总统听后并无不快之色，这一方面显示了蒋先生有容人的雅量，而另一方面胡先生所表现出来的知识分子风骨，也令我非常钦佩。

胡先生在回台湾之前，在美国的日子很清苦，据说只有三千美金的存款。但是因为朋友多，所以日子过得并不寂寞。蒋“总统”对胡先生一直非常敬重，在民国三十七年引退前，曾特别聘请胡先生为总统府资政，聘书是当时总统府秘书长吴忠信亲自送交的。胡先生旅居美国期间对国内政治仍相当关心，不过他曾向我表示，他在国外从不对外国人公开批评政府，回国后他却要作“政府”的诤友，这是他一生做人做事的原则。他公而忘私，是非分明，可以说真正是所谓“国士”的典范。

在我担任教育厅长期间，他到台中的北沟避寿，他离台中时邀我和孔德成一起坐他的车子回台北，以便在路上聊聊天。那一次在三小时途程上，天南地北，说了很多，经过新竹市时并下车在一家咖啡馆中喝了一些咖啡。胡先生因有心脏病，所以身上总带一小瓶白兰地酒，以便心脏稍感不适时，喝一点帮助心脏跳动。胡先生一向爱热闹、而且言谈风趣，所以任何人与他相处，无不为他待人接物的风范所感动。胡先生非常乐意帮助青年人，他回国后的第一次演讲是在三军球场举行的。陈之藩也去听讲，会后就给胡先生写信。陈之藩在浦城街的“国立”编译馆工作。他向胡先生提到，为什么不继续写中国哲学史下半部呢？胡先生告诉他："因为隋唐以降，中国的哲学思想受到佛教禅宗的影响很深，而他本人对这方面研究尚不成熟，所以不敢贸然执笔"。他们二人也因通信而建立起友谊。有一天，陈之藩到台北市云和街梁实秋的家中聊天，我也在座。陈之藩表示想出国留学，但苦无两千美金的保证金。梁先生便提到胡先生存有一笔钱，是专门用来帮助青年留学用的。于是梁先生便写了一封信给胡先生，胡先生立刻答应下来，并开了一张美金支票给陈之藩。在陈之藩临出国前，胡先生向陈之藩表示他的散文写得很好，如果到美国留学，是否可以考虑改习文科，再从大学部开始读起，经费方面，胡先生愿意负责筹助，因为胡先生认为文学家不易培养，凡在这方面有天才的人，应该加以鼓励。陈之藩到美国费城的宾州大学就读后，觉得如果改学文学将会很难找到工作，所以陈之藩还是继续学电机，并未政学文学。以后得了博士学位，就在美国教书。另外有一位师大理化系助教也是同样获得胡先生资助，才能继续前往美国深造。

胡先生对他的学生也非常照顾，有一位中国公学毕业生罗尔纲（广西人），曾随胡先生到北平，任胡先生的家庭教师，同时也替胡先生整理文稿，在胡先生家中做了几年之后，适巧清华大学讲授近代史的蒋廷黻先生因出任驻苏俄大使，中国近代史这门课，清华大学有意请罗尔纲来接替蒋的职位，胡先生听见后，向清华表示不大赞同。罗以后知道此事，很不谅解他的老师。胡先生后来坦率地对罗说，蒋的课你怎能接下去，做事情如果第一次做不好，将来对你有不良的影响。胡先生对人公道，做事负责，决不徇私，更不会讨好学生。后来罗尔纲了解到胡先生对他的用心，颇为感动，曾出版了一本《师门五年记》，亦提及此事。罗尔纲一直留在大陆未来台湾，胡先生对这本书很满意。有一次，我带我的第二个儿子捷生到中央研究院看胡先生，胡先生和捷生谈得很高兴，曾把这本书送给捷生作纪念。

一九六二年春节，我因公须到台中小住，特别在春节前二日，偕同内子前往胡先生寓所提前拜年。那时胡先生正在寓所养病，我为了不愿打扰他，只留了名片给胡先生的秘书，胡先生听到我和他的秘书谈话的声音，特地从房里跑出来，手中还拿着稿纸，内人遂向胡先生说：“胡先生要养病，不要再写文章了。”胡先生答道：“不写文章，活着干什么！”

一九六二年二月二十四日，中研院召开院士会议，下午胡先生在茶会中致词时，因心脏病突发去世。在他出殡安葬之日，蒋“总统”特别写了一副挽联送到殡仪馆，联文是“新文化中旧道德的楷模，旧伦理中新思想的师表”。真是对胡先生一生最好的写照。

另外有件事也颇值得一提，王世杰当“总统府”秘书长时，因为几架民航机在香港未能飞返台湾，有人诬陷是由于他处理公文不当所致，蒋“总统”大为震怒，明令撤职查办。王不久又因走路跌断了腿，住进医院，胡先生特地打电话给老“总统”的秘书，要他以“总统”的名义去慰问王先生以示蒋“总统”

对王仍极关切。这是胡先生替人辩宽白谤的表现。胡先生不久又请“行政院”陈诚院长发表王世杰为“行政院”政务委员，做为一种变相的平反。我深佩胡先生一辈子行忠恕之道，处处体谅他人，乐道人之善。他在北大当文学院院长时，曾请并无很高学历的小说家沈从文去教书，他很乐意提拔人才。钱穆原来是无锡师范学校的教员，他写了一篇《刘向、歆父子年谱》，反驳康有为的说法。顾颉刚看了这篇文章，就介绍钱先生到燕京大学当讲师，不久胡先生将他延聘到北大讲授中国通史。钱先生素不赞同胡先生的某些学术见解，但是胡先生却能聘他任北大教授。又如顾颉刚是介绍钱先生到燕京大学讲学的，可是在顾氏的古史辨一书发表后，钱先生曾为文表示反对。足见老一辈的学者，对治学和待人都有包容的胸襟，在学问上彼此虽有争论，但友谊却能长存。很多人在胡先生去世后，都说胡先生是中国近代难得一见的完人。他一生关心政治而不热中政治，但开风气不为师。就我所认识的当代学人中，胡先生是最值得敬佩的一位。

记得一九五三年春我在美国时，看到《自由中国》月刊上有一篇读者投书说，据传师院师生有人建议因我对学校有很大贡献，应立一纪念碑，但却受到某些教授的反对。这根本是有人造谣恶意中伤，我看到后内心颇为难过。因为胡先生是《自由中国》的发行人，所以我特向胡先生提到此事，胡先生劝我万勿介意，更不可生气。他并以他自己为例说，在民国二十年左右，任卓宣用叶青笔名，曾写过一本《胡适与郭沫若》在上海出版，对他大张挞伐。这几年他每次回台湾，总看到这一类的小册子，更有一位台大教授写了一本《胡适与国运》公开指责他，他都一笑置之，从不介意。古人说："名满天下，谤亦随之。"胡先生很恳切地安慰我，要我能容忍一切不实的谣言和恶意的中伤。当年在纽约胡先生所说的这番话，对我有极大的启示作用，所以我多年来，做任何事都只问是非，不计毁誉，尤其担任行政主管，更需要抱定"岂能尽如人意，但求无愧我心"的态度。胡先生虽已逝世多年，他的思想学术，至今仍尚有争议，但就他的人格风范而言，我相信他终究是一位永远值得崇敬的不朽人物。

蒋梦麟先生

蒋梦麟先生，清光绪十一年十二月十六日生（西元一八八六年一月二十日），一九六四年病逝。浙江余姚人，是王阳明的同乡。蒋先生十二岁时，入绍兴中西学堂就读，蔡元培先生于戊戌政变后，回家乡绍兴担任绍兴中西学堂的监督（等于今日的校长），所以蒋先生常称蔡元培先生为老师，就是有这一段因缘的关系。

光绪二十九年，蒋先生中秀才。三十年，进入上海南洋公学就读。三十四年八月，赴美留学，入加州大学农学院肄业。

所以他后来主持农复会时，就表示：对于农业，并不是个门外汉。次年秋，蒋先生转入社会科学学院，以教育为主修科目。民国元年，在加州大学毕业，再入纽约哥伦比亚大学教育研究所，民国六年六月，获得哥大哲学博士学位。

学成归国后，初至商务印书馆担任编辑，第二年辞去编辑职务，创办《新教育》月刊，这个刊物一共出版了十卷。民国八年“五四运动”之后，代表蔡元培先生到北大暂理校务，遂应聘为北大教育学教授，于七月间到达北京。九月，蔡先生回北大，梦麟先生又兼总务长（当时的总务长综理全校校务，与今日的大学总务长不同）。九年十月，蔡校长赴欧，蒋先生便再度代理校务。蔡先生于次年九月回国。民国十二年一月，蔡元培因抗议彭允彝“蹂躏人权”辞职，蒋先生乃第三度代理校务。十二月，北京政府并正式任命蒋梦麟为北京大学代理校长。

民国十六年五月，梦麟先生出任浙江省教育厅长；六月，因中央政府实行大学区制，蒋先生复被任命为第三中山大学校长。八月一日，第三中山大学成立。民国十七年十月，继蔡元培先生为大学院院长，十月二十三日，废止大学院制度，恢复教育部，蒋先生即出任教育部部长。十九年十二月四日，辞去教育部部长职务，出任北京大学校长。据蔡元培先生自述，其中特提及蒋梦麟先生做事有决心、有理想、有担当。由于上海一地大学过多，良莠不齐，蒋先生主张大学应重质不重量，所以出任教育部长时，便大力取缔若干所谓的“野鸡大学”。其中有一所“劳动大学”，为党国元老吴稚晖等人所创办，吴稚老曾亲自到教育部部长室，面斥蒋先生“没有古大臣风”，蒋遂因此愤而去职，重回北大当校长。北大的刘半农教授还为此戏刻了一方“无古大臣风”的印章相赠，蒋也常以此印自嘲。自二十年至二十六年这一段时期内，蒋先生对北大确有许多重要的革新，使北大愈成为全国的学术重镇。

民国二十六年，对日抗战爆发后，北大、南开、清华三所大学，于十一月在湖南长沙组成国立长沙临时大学。二十七年五月，迁至云南昆明，改称西南联合大学。由原来三个大学的校长组成常务委员会，先生与梅贻琦、张伯苓以常务委员身份，共同主持校务。惟南开大学校长张伯苓忙着国民参政会的事务，所以实际负责校务的，则为清华校长梅贻琦与北大校长蒋梦麟两人。梦麟先生并自三十年七月起，担任红十字会中国总会会长。

三十四年六月二十五日，行政院长宋子文，邀请梦麟先生为行政院秘书长，三十七年八月，梦麟先生被任命为“中国农村复兴联合委员会（即农复会）”主任委员。这个委员会是由美援支持成立的，属于中美两国共同合作的机关，所以性质较为特殊。举凡职员的任用、待遇等方面，都与其他政府机关不同。一九五〇年，农复会迁来台湾后，即积极展开工作，对农村发展贡献甚大，如改良农业生产技术，提高农民生活水准，协助“政府”推行土地政策，组织四健会，推行家庭计划等等。蒋先生是一位有远见的人，台湾土地太小，如果不推行人口计划，将来一定会产生许多问题。这个运动当时曾受到一部分“立法委员”的攻击，认为他违背国父遗教的民族主义。但蒋先生却不顾一切的诬蔑，甚至声称即使被人戴上“反革命”的帽子也要坚持到底。后来他又兼任石门水库建设委员会主任委员。一九五八年，获颁菲律宾总统麦格赛赛奖，肯定其对复兴中国农村的贡献。

梦麟先生不但能坐而言，而且能起而行。他做事情很讲究方法，比如要改良农业生产技术：他主张要由农复会主动地去找农民来，相互沟通，向农民说明农复会的动机和做法，而非把农复会当作一个衙门，等待农民来求助于农复会。例如凡农民有需要资金和协助改良生产技术者，农复会均贷予资金，并派专家下乡实地调查后予以有效的协助，切实解决农民的困难。他的这些作法，对我有很大的启示。我在教育厅服务期间，认为欲增进国民受教育的机会，及减少“政府”教育经费的负担，必须鼓励私人兴学。可是真正的教育家，大都没有钱创办学校，反而有些人却以办教育为名，把学校办成了学店，以达到其个人牟利的目的。所以当时我兴起设立教育银行的念头，提供贷款给真正想办学的教育人士去创设私立学校。使私立学校与公立学校齐头并进，负起为国育才的使命。这与农复会主动贷款给农民改善生产技术的理念与做法是完全相符的。

四健会每年都要开一次年会，由农复会、农林厅、教育厅三个机构合办。因而我有机会和梦麟先生经常见面，并且来往也较密切。由于他是教育界前辈，我就教于他的机会很多。我曾同杨亮功先生（时任师大教育系主任）一道去邀请蒋先生来师大讲演，他很谦虚地表示，离开北大后，就绝口不再谈教育问题，因为有关教育的问题，人人都有意见，人人都自认是专家，争论不已，徒增烦恼。自从主持农复会以后，服务的对象非常单纯，不外是动、植物，它们不会无理取闹，拨弄是非。所以他觉得在农复会工作很有成就感。对与农业无关的问题不愿多说。因而婉谢在师大的讲演。由于主持农复会的关系，他经常有机会到日本去访问，看看日本农村的实际情况。当时他已经七十多岁，办公地点在南海路，家住在中山北路三段，车程约需三十分钟。有一次他来师大开会，到我的办公室小坐，顺便从口袋里拿出一本《日语会话》的小册子给我看，并说他正在加紧学习日文，经常利用坐在汽车上的时间背诵日语，希望以后能以日语和日本农民交谈。这种老而好学的精神，实在令人钦佩。

他虽然担任北大校长多年，但是却没有一点本位观念，他做任何事都有他自己的理念和原则。当时有几所大陆的公私立大学在台复校，有人向他劝说，北大历史最悠久，何不考虑在台复校？可是梦麟先生却认为：北大之所以成为北大，主要由于北大有最好的教授，如今在台湾，哪能聘请到像当年北大那样水准的教授，倘若贸然复校，岂不砸了北大的招牌？所以只要他在台湾一天，就绝不考虑北大复校，这也就是他一生所坚持的大学应重质不重量的原则。从这件小事，便可看出他的气度和风范。他的见解和胡适先生完全相同，胡先生抗战胜利后，即表示政府应集中力量，先在国内办好五所大学，不要一味增设很多有名无实的大学。等到把这五所大学先办成第一流的大学以后，再陆续使其余的各大学都能达到国际上著名大学的水准。所以我在教育厅服务期间，便是本着这种理念和原则，办理高等教育。当时省政府教育经费并不充裕，所以决定将现有的三所省立大学即师范大学、成功大学和中兴大学办好，再在各项条件许可后，慢慢发展高等教育，以免大学过于浮滥，成为文凭制造厂，并不能发挥研究高深学术和培养专门人才的功能。

梦麟先生国学根柢深厚，对每一问题均有其独到见解，他的文章和他的为人一样，极为风趣洒脱，耐人寻味，例如所著《西潮》一书，便很受读者欢迎。此书原系以英文写成，后由中华日报译为中文发表，并以专书出版。他在农复会期间，原拟再写一本《新潮》作为西潮的续编，可惜未能完成就去世了。他还向我表示过，预备在由农复会退休后，写一本《中国思想史》，惜未能如愿。我想如果他晚年不担任行政职务，以其“学贯中西”的条件与多年办学及从政的丰富经验，必可写出几本极具价值的著作。

梦麟先生与我虽系到台湾后才开始结识，但却相知颇深。一九五九年三月二十日，他写给我一封长信，说明他主持农复会的理念与做法，颇可供今日一般政府决策人士及推动实际业务者的参考，特附录于后：

白如吾兄勋席：

顷奉本月十七日惠教，多承藻饰，愧不敢当。惟该文所举各点，确系农复会十年来时刻勉力遵循的途径。行远自迩，故农复会多数计划系从小规模实验开始。成效既着，步骤已定，扩大推广，自容易矣。弟常谓“We cast our eyes upon the stars. We set our feet the grass-roots.”“我们把眼光放在远处，把双脚踏在实地”即是此意。知实务，而乏理想，则无法对社会作较高一层的贡献。有理想，而无方法，则理想只是空想，永无实现可能。余最佩服美国老罗斯福总统的下面几句话：“If a man does not have an ideal and try to live up it then he becomes a mean, base and sordid creature, no matter how successful he is. If on the other hand, he does not work practically, with the knowledge that he is in the world of actual men and must get results, he becomes a worthless head-in-the-air creature, a nuisance to himself and everybody else.” -Theodore Roosevelt。特录奉吾

兄参考。今后尚祈随时

赐教，用匡不逮。吾

兄热心任事，有抱负、有理想；又能从切实根本处逐步求问题之解决，实与本会工作宗旨不谋而合。近年省教育行政甚多良好之兴革，此皆吾

兄领导之功。因风寄意，顺致钦佩。端项

勋绥

弟　蒋梦麟拜复　四八年三月二十日

一九六三年春，我离开教育厅后不久，他那时正在石门水库招待所养病。有一天张研田兄约我一道前往探视，梦麟先生一看到我就说：“多做事是有罪的。”这自然是他的有感之言。因为农复会的业务本来很单纯，只是他觉得台湾地小人稠，他看到农村人口增加甚速，所以大力提倡家庭计划和人口政策，不料却遭到若干民意代表的质询和辱骂。因而他觉得在当前这个社会上，多做事便替自己增加很多麻烦，最好少说话少做事。这固然是他自己的一种无奈的慨叹，同时也是用这句话来安慰我，因为我在教育厅长任内也由于创立教师福利制度和兴建教师会馆，曾受到一些民意代表的质询而感受到很多困扰。

关于他晚年续弦的经过，我也了解得很清楚，他是在台北市居浩然家里由端木恺律师证婚的。当天中午到达台中市，周至柔主席特设宴请他和新婚夫人徐贤乐女士，我也应邀作陪。梦麟先生餐前把我拉在一旁笑着对我说：“白如兄：上星期我已经到医院做过体格检查，一切正常，我绝对不会害人！”梦麟先生的风趣，由此可见。席间他曾向我说，他与他的新婚夫人很想当晚下塌日月潭教师会馆，共度新婚之夜，不过听说教师会馆不招待政府官员，只招待中小学教师，他有没有资格去住？我当即对他说您曾当过教育部长、北大校长，而且农复会主任委员也不是政府官员，你愿意以教师会馆做洞房，乃是教师会馆的光荣，当然竭诚欢迎，所以当晚他们新婚夫妇就住在日月潭教师会馆。

讲到这里，不禁让我想起梦麟先生与教师会馆实在有不寻常的“因缘”。我离开教育厅以后，有一年四健会在台中教师会馆举行展览会，当他巡视会场时，一不小心，就滑倒了，因腿部受伤颇重，就由台中送返台北荣民总医院诊疗。我在报上看到这则消息，就赶往荣总去看望他。我说教师会馆是我兴建的，你在那里跌倒受伤，我内心很觉不安，他笑着对我说，只怪他自己不服老，不肯拄拐杖。孰知后来经过荣总体检的结果，除了骨伤外，还患有癌症，以致一直住在荣总治疗并在荣总逝世。

梦麟先生晚年续弦，也是他一生最不愉快的事。最初报纸上透露他将与徐贤乐女士结婚的消息，便有很多他的好友加以劝阻，有一次我在南港中央研究院胡适之先生处谈天，胡先生便向我提及此事，他说梦麟先生已经七十岁了，娶个年轻的太太，难免不当寡妇。如感一个人生活孤寂，不妨找个年龄稍大的特别护士，陪他住在一起，何必续弦自找麻烦。胡先生又说他曾写了一封长信请农复会秘书长樊际昌交给他，不过他说以梦麟先生的个性恐怕不会接受他的意见，甚至连他的这封信都不愿拆开来看。果然结婚不到数年，便发生纠葛，双方聘请律师，到法院打离婚官司。有一天我遇见樊际昌先生，谈及此事，他说离婚官司绝对可以胜诉，因为新婚之夜，徐女士曾一再问及梦麟先生的经济状况，包括动产与不动产等等，梦麟先生便在教师会馆的便条纸上，一一开列出来给徐女士看。这张教师会馆的便条纸，梦麟先生一直保留在身边。后来梦麟先生的律师把这张便条纸拿到法院给法官看，证明徐女士对梦麟先生并没有真正的爱情，否则何以新婚之夜详细查询他的财产，结果法官采信了这件证物，梦麟先生的离婚官司总算打赢了。

梦麟先生之所以在学术与事功两方面，均能有卓越的成就，最主要的原因，是他有崇高的理想，并能以实际的方法实现其理想。不论在教育部，在北大，在农复会，凡由他主持的机构，都能特立独行，择善固执，不做乡愿，不计毁誉，在台湾我所认识的教育界前辈中，他是我最敬佩的一位。

陈大齐先生

陈大齐先生，字百年，浙江省海盐人。生于清光绪十三年七月二十七日（一八八七年九月二十四日），卒于一九八三年一月八日，享年九十七岁。

先生十四岁时，入上海广方言馆学习英文。十七岁，东渡日本，入第一高等学校就读，毕业后又入东京帝大文科哲学门进修，以心理学为主科，理则学为副科。民国元年，先生二十六岁，返国任杭州浙江省立高等学校校长。民国二年辞职赴北京任法政专门学校心理学教授。三年，应北京大学之聘，讲授心理学，编有心理学大纲讲义；同时讲授理则学，因而对理则学更做深入研究。七年，由上海商务印书馆出版《心理学大纲》一书。八年一月，与胡适之、马叙伦等北大教授组织“北大哲学研究会”，出版《迷信与心理学》一书。十年，赴德国柏林大学进修一年，专攻西洋哲学。十一年回国，就任北京大学哲学系主任。十二年二月，张君劢在北京清华学校（清华大学前身）讲演“人生观”，引起科学与玄学论战，陈先生主张科学为救国之先决条件。十六年任北大教务长。十七年四月，国民政府考试院院长戴传贤邀请百年先生任考试院秘书长，惟仍在北大兼课。同年八月，政府实行大学区制，通过北平大学区实施办法，北大与天津北洋大学合并为国立中华大学；九月，又改名国立北平大学。十八年，蒋梦麟调解北平大学纠纷，教育部本拟将北大改为“北平大学北大学院”，但北大师生则坚持维持原有校名，最后教育部仍决定成立“北平大学北大学院”由陈大齐出任院长。同年七月，因各方反对大学区制，大学区制终于废上。八月，北大学院遂又恢复为国立北京大学，政府并发表蔡元培为北大校长，在蔡元培未到任前，由陈大齐代理校务。十九年九月，国民政府接受蔡元培的辞职，校务继续由陈大齐代理。十二月，蒋梦麟辞教育部长职务后，改任北大校长。陈大齐则至南京，专任考试院秘书长，公余致力于“因明学”的研究。二十一年冬，任考试院考选委员会副委员长。二十三年十二月，任考试院考选委员会委员长。二十六年七月至三十七年六月，一直担任此项职务。三十七年六月，考试院改组，南开大学校长张伯苓，出任行宪后首任考试院院长，百年先生才辞卸这项职务。

先生卸除考试院职务后，随政府来台，我在报上看到这则消息后，遂约杨亮功（时任师院教育系主任，是陈大齐任教北大时的学生）先生一起至陈先生寓所，敦聘他任师范学院专任教授。在第一年讲授理则学时，由于百年先生的乡音甚重，不易听懂。同时他早年留学日本，讲课采取日本大学教授讲课方式，先将讲义编好，到上课时即照讲义宣读，百年先生这种授课方式学生颇不习惯。可是过了一年之后，学生向我反应陈先生讲课条理清晰，受益甚多。由此可见，由学生评鉴教授的方式，用意虽佳，不过这只能作为参考，因为一般学生根本没有评鉴老师的能力。好的教授并不一定都是口若悬河的演说家。当时师院教授宿舍不多，无法分配给大齐先生宿舍，正巧台大教授宿舍尚有空缺，于是台大便请他当专任教授，仍在师院兼课。我时常看到百年先生一个人身着一袭中式长袍，手里拿着一把雨伞，在台大与师院之间的和平东路上缓步当车。他始终独来独往的身影，充分表现了一位恂恂儒者的风范。

一九五四年十一月，政治大学在台复校，由百年先生出任第一任校长，先设研究所，后来才有大学部。一九五六年三月，百年先生获得“教育部”学术著作奖，同年教师节“教育部部长”张其昀也题赠“经师人师”的匾额，以表彰他在教育界的崇高地位。一九五九年七月，陈先生辞去政大校长职务，改任政大专任教授。一九六〇年四月，孔孟学会成立，先生当选为首任理事长。一九六一年，香港大学赠与名誉文学博士学位。一九六七年夏，由政大退休，专事著述。一九八三年一月八日凌晨二时，因久患气喘病逝于台北宏恩医院。

陈先生自谓其为人治事恢宏不足，拘谨有余。一九六三年，我开始在政大教育研究所任教，在校园内经常遇见陈先生。为了要弘扬中国传统的师道，特约集一些教育界的朋友，编写一本专书，介绍中外许多足以为师表的圣哲和先进的生平事迹与独特风范，使一般教育工作者能见贤思齐。这本书第一篇要介绍的自然是中国的孔子，于是我便专诚到四维路他的寓所去看他，请他撰写《孔子》这篇文章，他表示年老体衰封笔已久，加以久患脱肛之疾，几乎整个上午都不能做什么事。而且手边也没有关于孔子的资料，故甚难写此专文，不过经我再三恳商，他终于答应了。当即询及需多久交稿，我说希望三个月内写成，后来出我意外的，不到两个月，他就派人将文稿送给我。他所写的《孔子》一文，长约两万余字，不仅内容充实，而且字迹端整，以百年先生八七高龄，竟能如此“重然诺”、“不苟且”，实在令人万分敬佩，后来我就将他的这篇手稿送给政大校史馆，作为永久纪念。

我担任政大教育研究所所长期间，曾请百年先生开一门课，讲述中国儒家教育思想，他表示同意。不过他说儒家的范围太广泛，他对宋明理学（新儒家）无深切研究，可否将“儒家教育思想”改为“孔孟教育思想”，我当然尊重百年先生的意见。以后他讲授这门课时，每次我都乘车到永康街他的住处陪他到木栅政大，在半小时的车程中，他一上车总是先给我看他刚写好的讲稿。这种不耻下问的精神，实为一般学人所罕见。

陈先生任孔孟学会理事长多年，所以晚年集中精力，从事孔孟思想的研究。他研究儒家思想，先荀子而后孔孟，因为荀子思想中，有很多心理学与理则学的材料，如性恶、解蔽、兼权等，他早年在研究心理学与理则学时，就已经下很大工夫，有独到的见解。晚年学养更为渊博，又有了荀子思想的基础，所以孔孟的学说，研究起来，就格外得心应手，而有卓越的成就。他最先出版了一本《荀子学说》，后来又接着写《孔子学说》、《论语臆解》、《与青年朋友们谈孔子思想》、《孟子的名理思想及辩说实况》等书。他以理则学、心理学的观点，对孔子的思想，就论语的记载，凡是孔子自己讲的话，确是可以深信不疑的，就作为第一手材料。至于弟子们的记述，虽然可信，但只作第二手材料。此外，其他传闻记载，他认为就只有参考价值了。

孔子是儒家的宗师，其思想系以仁义为重心，他认为仁是众德的总称，其本质是爱，包括爱人与爱己，这是做人的根本。义是宜，是处事的法则，陈先生说是“不固而中”，不固，谓不固执一法以处理一切，中，谓收获了预期的效果。在处理事务时，必须洞察对象的类别、特性与处境，随时变异处理方法，始能有所中而收到预期的效果。对象的洞察，效果的预期，都是理智的作用，所以无智不能有义，义必待智而后成，可以说仁是源而义是流。这是陈先生以理则学和心理学的素养，对孔子思想义理的发挥。

百年先生是当代学术界的耆宿和大师，道德文章，素为国人所敬重。他平日待人谦和，从不疾言厉色，因有深厚的修身养性的工夫，故能享寿九十七岁。我在台湾省政府教育厅服务时，有一次他参观东海大学后，往游日月潭，我特嘱教师会馆赵泽修主任代为招待他在教师会馆住宿，事后他写了一封很客气的信给我，不但文词典雅，而且情意深挚，实在是最佳的书信范例，故特将原函附后，以表示我对百年先生的敬佩与怀念。

“白如先生厅长勋鉴：日前因赴东大之便，拟作日月潭之游。渥荷

介绍，已深感幸。乃赵主任承

命特别招待，既栖以精室，复飨以佳肴，待若上宾，受之有愧。

高情盛谊，永铭肺腑。会馆环境清幽，建筑宏壮，教学之余，得此游息之

所，诚为教育界造福不浅也。谨此函谢，敬请

勋安

弟陈大齐敬启　六月二十二日”

傅斯年先生

傅斯年先生字孟真，山东聊城人，生于清光绪二十二年二月十三日（西元一八九六年三月二十六日），卒于一九五〇年

十二月二十日，享年五十五岁。民国二年，入北大预科就读。五年，升入北大文科国文门（即文学院国文系），正值胡适之先生在《新青年》杂志上发表《文学改良刍议》一文，提倡白话文学，孟真即写一篇《文学革新申议》以响应胡先生之文。六年，胡适至北大任教，益受鼓舞。七年夏，与罗家伦、毛子水（当时名毛准）组织新潮社，编印新潮月刊，宣扬新文学，提倡新思潮。

八年夏，北大毕业，随即考取山东省官费留学，冬天抵英国。先后在爱丁堡大学、伦敦大学研究实验心理，并兼治数学。十二年夏，由英赴德，入柏林大学哲学院研究。十五年冬返国，次年应广州国立中山大学之聘，任国文、历史两系系主任，后来又兼文学院长。彼时，国人出洋留学者，重在游学而不是攻读学位，很多人如傅孟真、罗家伦等均未有国外任何学位。傅孟真在中山大学创立语言历史学研究所。十七年春，南京国民政府成立中央研究院，蔡元培为首任院长，聘傅孟真筹设历史语言研究所，并为史语所第一任所长，其后又兼任北大教授，国立中央博物院筹备主任。抗战时期，孟真先生任国民参政会的参政员，并兼中央研究院总干事。抗战胜利后，代表社会贤达参加政治协商会议。孟真先生曾加入国民党，后来又退出，成为党友。

三十四年，政府发表胡适之为北大校长，在此之前，政府也曾考虑过让孟真先生来接任北大校长一职，但是孟真先生认为应由胡先生来担任比较合适，而孟真先生自愿在胡先生未回国之前，代理北大校务。一年以后，胡先生自美返国，孟真先生才离开北大。这点也是孟真先生值得我们敬佩之处，现在是不容易见到这样谦让气度的人了。

三十八年一月二十日，政府发表孟真先生为台湾大学校长。自台湾光复后，台大换了几位校长。三十八年大陆局势动荡，政府任命孟真先生为台大校长之意，是希望他能把中央研究院的人带来台湾，在台湾这个安定的处所继续从事学术研究的工作，当时也的确有不少中央研究院的人士兼任台大教授。

回忆在抗战期间，我和孟真先生虽曾数度在教育部开会而相识，但是并没有来往。我俩都是行宪后第一届立法委员，可是立法院开会不久，他就到美国养病去了。我和孟真先生的建立友谊是在他出任台大校长之后。三十八年四月六日，台湾师范学院闹学潮，师院、台大的学生因受中共“职业学生”的渗透，在市区游行示威，并高喊“反饥饿、反独裁”等口号。师院的学生还打了宪兵、警察，事态非常严重。我当时正在南京立法院开会，住在中央饭店，忽然接到台湾省政府的电报，要我即刻来台。四月八日抵基隆，从基隆到台北市区后看到沿途都有军警人员站岗。当晚，前往延平南路陈诚主席寓所，适见陈主席正在宴客，座中有傅孟真、黄朝琴等人。陈主席当即向我表示，希望由我来整顿学潮，师范学院院长原由省政府教育厅副厅长谢东闵兼代，师范学院学潮发生后，谢东闵先生坚持辞去兼职。

隔日，省政府秘书长浦薛凤打电话给我约我到省政府一晤，到时浦秘书长递给我一张陈主席的手条，内容是“聘刘真先生为师范学院学风整顿委员会主任委员兼院长”。学风整顿委员会委员有黄朝琴、谢东闵、浦薛凤等，并有民意代表多人。我看了这张手条之后，便到主席办公室向陈主席说明，我是现任立法委员，能否兼任师院院长应先向内政部请示。四月九日晚上，陈主席要我一起去警备总司令部开会，座中有傅校长，主席指示以不流血为原则，来处理学潮。陈主席表示师范学院是省立的，主席有权可令停课，台大则系“国立”，所以陈主席请问傅校长打算怎么办？傅校长立即表示赞同陈主席的决定，绝对配合省政府的措施。会后，傅校长问陈主席，师范学院找谁来当院长？陈主席笑说：“是你的老同事！”我们两人便一起坐车离开警备总部。在车上，傅校长问我为什么要接下这个烂摊子，师范学院学生闹得敢打宪兵、警察，你一个人去不怕被打吗？傅校长说这段话是有原因的，因为大约在民国二十年左右，南京中央大学换校长，新校长段锡朋一到校，就被学生包围殴打，所以新校长也就没能上任。我向傅校长表示，既然已经答应陈主席，自当为其解决问题。陈主席希望能在一个月内恢复学校秩序，继续上课。当时警备总司令部关了约一百多名左右闹事的学生，而参加街头游行示威的学生的人数，总共则大约有五、六百人。

四月九日晚，我只身前往师范学院大门前看一下，只见两边挂着“台湾省立师范学院”、“台湾省立台北高级中学”两个木牌子。师范学院成立之初因无校址，遂利用台北高等学校的旧址来开办，日据时代的台北高等学校光复后改为省立台北高级中学，学生仅有五、六十人，因而师范学院院长同时兼任台北高级中学校长。第二天，彭副总司令问我要不要由宪兵、警察陪同前往接事，因为以前有二二八事件，大家都余悸犹存。我立即表示宁可被打，也不能在宪警保护之下接任院长。

从我接任师范学院院长一职后，才与傅校长相熟起来。他住福州街二十号，我住福州街十一号。傅校长因患有糖尿病、血压高，其夫人对其饮食节制甚严，可是傅校长很好吃，常到宁波西街小食摊去吃一些鱼翅羹、面点、肉粽之类。刘季洪先生住在南昌街，就常遇见傅校长坐在路边摊子大快朵颐。

当时，台大与师范学院都是单独招生，傅校长对大学教育主张重质不重量，三十八年暑假放榜后，他便对我表示不应该进入台大的都进了台大，实在是水准不够！傅校长办学很认真，对学生考试也很重视。有一次他笑着对我说今天回家有鱼吃了。因为有一学生家长送两条鱼给他，他想一定是为他子弟来求情的。他说学生家长送礼很麻烦，不收家长不高兴，怕失去面子，收了又觉得于心不安，最后还是只好把两条鱼收下了，傅校长说鱼固然收下了，可是如果学生考试不及格还是照校规办理。他对聘请教授也很认真，当他接任台大校长之初，曾接到攻击夏济安的黑函，说夏不是留学生，在英文系当讲师，又有口吃，不应再续聘。傅校长自己去听了几次夏济安的课，觉得虽有口吃，但是学问还不错，所以他还是继续聘请夏先生。傅先生对台大学生平时生活习惯也很注重，不准香港侨生穿花花绿绿的香港衫，我则是规定师院学生不准上舞厅，不过我是采劝导式的。傅先生也规定学生不准打麻将，有一次徐州路台大法学院宿舍有八个学生打麻将，傅校长把他们全部开除。台大校内就传出“傅斯年最独裁，口口声声讲民主，自己最不民主，开除学生应该经过训育委员会会议通过，校长怎么可以自行开除学生！”傅校长一听到这个传闻，就对我说，“教育部”也没有规定大学校长不能开除学生啊！

傅校长要求台大的教授不能到别校兼课，可是有一天他特地来找我，述说台大数学系教授和系主任不和，有几位自动辞聘了，数学系已经开不成课，所以打算请师范学院的教授去台大兼课。师范学院的数学系系主任管公度立即向我表示：傅斯年太霸道，不准台大的教授在师院兼课，我们为什么要去台大兼课！我劝管主任说，既然傅校长来找我们了，如果你不同意自己可不去台大兼课，但是若有愿意去台大兼课的教授，希望你也不要劝阻。所以当时有师院的岳长奎、范传坡等几位教授到台大数学系兼课。傅校长不得兼课的规定也就自动消失于无形。后来台大的教授如沈刚伯、台静农、劳干、屈万里等先生也来师院兼课，两个学校彼此合作更为愉快。

一九五〇年，傅校长在台大校庆时讲演，我也以来宾身份应邀参加，他在讲演中，曾勉励台大学生要“敦品励学、爱国爱人”。傅校长逝世后，台大就以这八个字作为台大的校训。傅先生在大陆时，曾发表一篇文章，认为“教育”不算是一门学问，曾引起教育界不少攻击。后来他到台大当校长，我曾请他来师院讲演，他对我自嘲说，他教书可以打六十分，演讲只可以打四十分，摆龙门阵则可打九十分。他怕去演讲会影响学生对他的形象。可是后来他还是来师院演讲过一次，演讲中表示台大要办好必须师院先办好，因为台大的学生出自中学，中学的教师出自师院，唯有师院办得好，才会有好的中学教师，有好的中学教师才能教育出好的中学生，进而才会有素质优秀的大学毕生。这一段话后来也见诸傅校长的文集中。过去他虽然曾经说过教育不成为一门学问，但是自从他自己当校长后，他的观念也就随着改变了。

傅先生有血压高的毛病，有时讲话比较情绪化，但是非常有正义感。当时他规定台大一年级各学院的基本国文教材是孟子，而他自己也具有“富贵不能淫，贫贱不能移，威武不能屈”的大丈夫气慨。他不崇洋，常说有些留学生只空有文凭，毫无实学。一学起外国来，往往先学习其短处，学德国先学其粗犷、学法国先学其颓唐、学英国先学其架子、学美国先学其花钱、学日本先学其小气！蔡元培先生不也曾说过出国留学固然很好，但同时也要保存中国文化吗！

傅先生被称为“北大派”，所以后来台大师生们常以延续北大的传统自居，并以台大为追求学术自由的象征。可是现在有些教授却只谈“自由”而不谈“学术”。傅先生主持台大只有一年多的时间，大陆政局动荡时期，教育部曾通知美国将原来所订购的科学仪器直接运至台湾，由台大、师院、省立工学院、省立农学院这四个学校来平分使用，结果这批仪器运到台大后，我请理化系系主任陈可忠去参加分领这批仪器的会议，陈回来就骂“傅大炮”真是不讲理，不肯把这批仪器分给省立三个学院。傅斯年逝世前，“教育部长”程天放在青田街寓所请客，餐后傅校长约我同车返福州街，他在车中问我看见《新闻评论周刊》这期又骂他吗？傅校长曾气愤地说，除非“教育部”免我的职，或是我害病死了，《新闻评论》继续再骂我也不会辞职。可是没想到只过了两个星期他真地去世了。

另外一件事，也说明傅为性情中人。

丁文江担任上海市政督办时，傅斯年在海外得知此一消息，气得不得了，因为当时上海市系由北洋军阀孙传芳管辖，丁文江竟帮北洋军阀做事，故极表反对。可是傅先生回国之后，经由胡适之的介绍相交往以后，两个人变成了极好的朋友，这便是孟真先生率直可爱之处。他的人缘也很广，他和陈辞修先生私交甚好，其夫人俞大彩又是俞大维的胞妹，俞家和曾国藩家族有亲戚关系，又和谭延开家也有亲戚关系。可是傅先生却是独来独往，对政府施政仍常持批评的态度，这便是傅先生特立独行的学人风范。

一九五〇年十二月二十日，傅校长到省议会接受质询，当时台大的经费由省政府负担，所以他必须列席省议会。会中省议员郭国基严词指责傅校长，认为台大招收的学生太少，傅先生在激愤之下，因脑溢血猝逝于省议会会场，享年五十五岁。

刘季洪先生

刘季洪先生，江苏丰县人，原名钟，别号季洪，以字行。民国前八年三月生，二岁丧父，其兄早逝，赖母李氏抚养长大，六岁进私塾，再入县立高等小学就读，因家中经济困难，高小毕业后，即入徐州省立第七师范学校就读。

民国十年，师范学校毕业，考入北京高等师范，毕业后，再回母校徐州第七师范学校服务。十六年，到南京参加国民党党务工作，任南京市党部执行委员兼江苏省教育厅督学，又任南京市民众教育馆馆长。十八年，奉派到日本考察教育。十九年，国民党保送优秀同志赴美进修，先生亦入选。先至美国西雅图华盛顿大学就读，获教育硕士学位，又转至纽约哥伦比亚大学，从杜威博士研修教育哲学，在教育思想方面受杜威的影响很深。因为杜威的关系，所以当时中国留学生研究教育者，多入哥伦比亚大学。

二十一年，前往欧洲，至英、法、德、意、丹麦等国游历，并在牛津大学研究英国教育。回国后，任教省立江苏教育学院（在无锡）。二十五年，出任省立河南大学校长。二十八年，陈立夫任教育部长，先生任教育部主任秘书，由于对社会教育素有研究，旋又接任社教司司长。三十三年春，任国立西北大学校长，后又当选国民大会代表。三十八年夏末，先生来台，住和平西路，我和他在大陆时并不认识，但已久闻其名，听说他来台的消息，遂亲往拜访，邀请他到师范学院来教书。当时杨亮功为教育系系主任，不久，杨亮功调任监察院秘书长。我乃聘请先生接任教育系系主任，那时他又先后兼正中书局总编辑与总经理。一九五四年，政大在台复校，陈大齐出任校长，先生转至政大教育系任教，后又接任政大教育系系主任。一九五九年，政大水患，陈大齐校长辞职，先生继任政大校长。一九七三年十月，调任“考试院副院长”。一九七八年，升任“考试院院长”。一九八四年，任期届满，退休，应聘为“总统府”资政，兼任国民党中央评议委员。一九八九年一月十五日，因肺炎病逝于三军总医院，享年八十六岁，葬于台北县三芝乡北海墓园。先生自幼身体不佳，曾表示只希望能活到五十岁，而终享寿八六高龄，全赖平时注重身心的保养。

先生任正中书局总编辑时，正中书局位于南昌街陋巷之中，而他住的地方和我家相距步行只需五分钟。我们两人经常来往聊天，由相识而成为知己。他是苏北人，我是皖北人，生活习惯差不多，也常相偕出外郊游。当时“政府”为恐中共空袭台湾，令知各大学应预先找好疏散地区设立分部，师大选定了苗栗头份的私立大成中学为疏散地，因此师大教授经常结伴到头份的狮头山游览。一九五七年，我任台湾省教育厅厅长时，我就请大成中学校长赖顺生（东京帝大毕业，光复后，回台任师院教授）担任副厅长，当时丘念台先生还说我知人善任，颇为赞誉。

一九五七年八月，季洪先生任政大教育系系主任，凡举行各种教育座谈会时，一定邀我参加，我也经常抽空去政大和他谈天。

一九五八年八月，政大因强烈台风侵袭，积水严重，全校师生仓皇跑到楼上教室避难。我听到这个消息后，特地买了些日常用品去看他，他很感动。在平时星期天，他也会邀我去政大及指南宫走走，彼此通常以“宗兄”、“宗弟”互称，可见我们交谊之深厚。

一九六二年十二月一日，我交卸教育厅长职务，当天下午便由台中搭火车回台北，七点钟返抵家门，刘季洪夫妇、政大法学院院长韦从序夫妇已在我家客厅等侯，他们表示要请我去政大教书。但是我因为从事行政工作过久，深恐误人子弟，一再婉辞，可是在他们盛情难却之下，同意先兼任半年试试，如果还能胜任，再改为专任。十二月二日，季洪先生又亲自到我家致送专任教授聘书，不过我当时言明在政大期间，只担任教授，绝对不兼任何行政职务，他也答应了。可是半年之后，他又要我兼教育研究所所长，我告诉他前曾言明不兼任何行政职务，并承其同意，何以又要我兼教育研究所所长。但是他再三说，因为学生对我教课很满意，而我任师院院长时，请他担任教育系主任，他欣然接受，现在他任政大校长请我当教研所所长，我怎么可以拒绝呢？更何况研究所又比系简单，所以我也只好接任。以后，我每年暑假都请辞所长职务，但是他总说我们两人应同进退，一直拖了十年，到李元簇先生接任政大校长，我才辞去教研所所长职务，但仍任政大教授，迄今已二十余年。

一九六八年，我奉派到欧美考察教育，到达英国时，接到他寄来的信，信中提到政大文学院院长吴南轩退休，希望我回台后能兼任文学院长，我立即写信表示婉谢之意。一九六九年七月我返台北时，他又把文学院院长聘书送来，我还是没有接受，最后他要我推荐一位文学院长，于是我就建议他聘请台湾大学教授方豪神父担任文学院院长（方后来当选中央研究院院士）。事隔数年，方豪才晓得这一段原委。

有一年，政大新建了一批学人宿舍，在化南新村内，季洪先生预定先分配给几位研究所所长，同时，季洪先生也希望我住在政大校区以便经常可以晤谈。可是我向他表示，我在台北市已经住了政府的宿舍，而政大同仁还有很多人没有房子住，我愿意将研究所所长应得的权益放弃，于是我便写信给总务长卢元骏，表示愿意放弃申请化南新村的学人宿舍。当时卢元骏还向政大同仁说，如果每一位政大教授都和我一样，他这个总务长就很容易做了。

一九八六年十一月，刘季洪先生写了《教育生涯漫谈》一书，在出版前还要我先替他看一遍，印出后，又要我为他写一段提要。季洪先生对我说，他这本书只谈事，不谈人，只有对我写了很长的一段，内容大意是："当时师院院长是刘白如先生，他过去在国外研究教育，回国后也从事教育。我来台前虽与他未曾谋面，但业已彼此相知。到台不久承他邀约到师院教育系任教，当即欣然应允，数月后又兼任系主任。刘院长办学认真，在校期间建树甚多，而对广揽师资尤为注意。他后来又把师院改为师范大学，学校规模更为扩大。现时台省的教育机构如师大、师范学院、各师范专科学校和各中等学校主管，以及各级教育行政的重要人员，绝大多数是这个高等师范教育学府当时培养出来的，所以他对早年的辛劳成果，想来应当感到欣慰。”师范大学早期教育系的校友，因为政治大学先办教育研究所，他们毕业后继续进修，很多又进入政大教育研究所。所以我和师大与政大的关系，是同样非常密切的。

季洪先生一生大都担任行政职务，无暇执笔为文，所以著作并不很多。可是他的行政才干和领导能力，是我非常钦佩的，他通达人情，明辨是非，所以他担任几所大学校长，都有很大的贡献。

梁实秋先生

梁实秋先生，清光绪二十八年十二月八日（西元一九〇三年一月六日）生于北京。民国四年夏，毕业于京师公立第三小学，随即考入北京清华学校。十二年六月清华学校卒业，当时清华学校为八年制（中等科四年，高等科四年），系留美预备学校，故毕业后即由上海坐轮船赴美，九月，入科罗拉多大学就读英文系四年级，选修近代文学，清华同学闻一多亦由他校转至科大攻读艺术。十三年夏，大学毕业，得文学士学位，随后又至波士顿哈佛大学研究院，受业于白璧德教授，对其一生影响最大。

十五年夏，获文学硕士学位，同年七月返国，就任南京东南大学文科教授。十六年三月，于北京欧美同学会，与程季淑女士结婚。东南大学改名为中央大学后，他就没再受聘。遂到上海，与胡适、徐志摩、叶公超等创办新月书店，担任新月书店总编辑，被称为“新月派”，并在上海光华大学、中国公学兼课。当其在沪主编新月杂志时，与左派文人鲁迅等为文学问题笔战甚烈，左派文人亦全力“围剿梁实秋”。梁实秋此时出版《骂人的艺术》一书，他表示：自己的文艺思想是趋向传统稳健的一派，固然赞成五四运动革新的主张，但也深受哈佛大学人文主义学派白璧德的影响，他极不同情过度的浪漫主义与左倾思想。他批评普罗文学运动，也批评鲁迅。但这只是个人的意见，并不代表新月派所有同仁的主张。

十九年九月，应国立青岛大学之聘，离开上海，任青岛大学外文系系主任兼图书馆馆长，时张道藩为教务长，江青是图书馆的小职员。二十三年七月，离开青岛赴北京，应北京大学文学院院长胡适之邀，为研究教授兼外文系系主任。二十六年六月，参加政府召开之庐山谈话会，七月七日，抗战爆发，梁实秋赶回北平。七月二十八日，北平沦陷，实秋留下遗书，只身由北平赶赴南京与政府共赴国难。二十七年六月，任第一届国民参政会参政员。十月武汉弃守，实秋应教育部常务次长兼教科书编辑委员会主任委员张道藩之聘，为特约编辑，并兼任教科书编辑委员会之常务委员，中小学教科书组主任。在这一段时间内，于重庆北碚写成《雅舍小品》一书。后来教科书编辑委员会并入国立编译馆，馆长为陈可忠，聘梁实秋为编译委员会主任，兼社会组主任。后又接办中央日报副刊"平明"，他所写的《编者的话》，其中提到"我们欢迎与抗战有关的文章，不过与抗战无关的文章，我们也欢迎"这句话，遭到左派文人大肆攻击。不久之后，他就不再编中央日报副刊了。

三十三年夏，其夫人程季淑女士偕子女由北平沦陷区抵达北碚，全家团聚。三十四年八月，抗战胜利。三十五年秋，北大校长胡适拟聘梁任北大英文系系主任。胡适当时尚在美国，由傅斯年代理校务，傅已先聘朱光潜为英文系系主任，又因梁实秋与傅斯年在国民参政会上常有争论，故实秋乃不就北大教职，改在北平师范大学任教。

三十八年七月，实秋由广州来台，我由报纸上得知，就到中山北路大同公司职员宿舍拜访，请他来师院教书。一九五七年六月，师院改制为师大，我又聘梁实秋为文学院院长兼英文系系主任，陈可忠为理学院院长，田培林为教育学院院长。在他接任文学院院长时，曾向我表示师大是培养师资的，他曾作过民社党宣传部部长，会不会引起国民党的意见。我立即向他表示，既然已脱离民社党，就算无党派人士，我是替学生请好教授，胡适当北大校长时，不也请了一些时常批评政府的人士吗？过去中央政治学校（政大前身）由蒋先生（中正）兼校长时，便曾聘请青年党的领袖人物左舜生担任教授，可见先“总统”蒋公办学时，态度也是非常开明的。我认为办大学，对聘请教授，应只问学问，不问党派，梁先生听了我的这番话以后，便欣然接受师大文学院长的聘书。

一九八七年五月三十日，是我与内人的金婚纪念，我的儿女在国宾饭店备了一桌酒席，仅邀请梁实秋夫妇参加。这是因为自三十八年到一九八七年这段期间，梁先生与我相交近四十年，彼此都认为是最知己的朋友。

实秋先生独子梁文骐自大陆赴美，在匹兹堡大学做研究工作，实秋向我表示能否使其子顺利来台。我便去找周应龙设法，周系师大毕业、文化大学硕士、“总统”侍从秘书、文工会主任。因周应龙特别设法，文骐始能由美来台与其父相晤。文骐抵台第二天上午，实秋便带他到我家表示谢意。文骐现任职中央研究院统计研究所，文笔颇佳，常有散文在报刊发表。一九八七年十一月二号晚上，赵自齐先生请我和几位朋友在天厨饭店餐叙，饭后回到家中，已将近十点钟，忽接师大校友朱良箴的电话告以实秋因心脏病住院，我立刻前往中心诊所探望，他看到我只说了一句话：“你来了。”第二天早上八点，《联合报》女记者丘彦明又打电话告诉我实秋病危，我匆忙赶去，实秋见了我的面后，便安然与世长辞。我打电话请林挺生共商后事，并选定北海墓园为墓地。我与实秋夫人韩菁清及师大校友等商定于十一月十八日下午假第一殡仪馆举行公祭，并亲自送其灵柩至北海墓园安葬。接着我就写了《实秋先生不朽》和《相期无负平生》两篇悼念文章，分别在《传记文学》与《中外杂志》发表。不久旅美师大退休教授吴奚真也在《传记文学》上写了一篇文章，曾谓:“我在师范大学这些年，我觉得刘校长贡献最大。他当校长，请了最好的教授，尤其是梁实秋先生，没想到他能和刘校长合作得这么好。”

记得有一年，先“总统”蒋公于教师节在台北宾馆宴请各大学教授。实秋接到请帖后，表示不愿参加餐会，但我对实秋说，你系师大文学院长，是代表学校的，怎么可以不去？他只好去了，席间“总统”首先请问他有什么高见？这是因为“总统”对实秋了解甚多，一向对他非常敬重。

至于实秋晚年与韩菁清女士结婚之事，曾引起外间很多批评，但我认为感情是两个人的事，别人不便置喙，只要在道德、法律上没有问题，外人没有批评的必要，如果当事人两情相悦，大家应该乐见其成。所以梁实秋续弦之后，我便请他们吃饭，并请叶公超作陪。据我所知，续弦之后的实秋，生活方面一直过得很好，而他们每年的结婚纪念日，也一定会请我和内人前往一聚。

钱穆先生

钱穆先生，字宾四，江苏无锡人。清光绪二十一年（西元一八九五年）生，一九九〇年八月三十日，病逝于台北，享年九十六岁。宾四先生先入中英中学肄业，后又入长洲中学读书，究竟中学有没有毕业，我不太清楚，不过，他是当代中国自学成功的一位典范。

民国元年，宾四先生十八岁，在家乡无锡一所小学里教书。十一年，二十八岁时，任厦门“集美师范”国文教师，后又回无锡，在江苏第三师范和苏州中学任教。十九年，发表《刘向、歆父子年谱》于燕京学报上，震动学术界。顾颉刚是宾四先生的中学同学，当时正任燕京大学教授，所以他将宾四先生的文章介绍发表在燕京学报上。宾四先生这篇文章，大胆地驳斥康有为的《新学伪经考》。同年秋，经由顾颉刚之推荐，任燕京大学国文系讲师。二十年，转任北京大学史学系副教授，后又升教授，并兼任清华大学、北京师范大学讲席。在北大讲授中国通史时，甚受学生欢迎。抗战爆发后，随北大南迁，先后在昆明西南联大、嘉定武汉大学、贵州遵义浙江大学等校授课讲学。

先生著作丰富，早期有《先秦诸子系年》、《中国近三百年学术史》、《国史大纲》等；尤其《国史大纲》一书，以温情与敬意追述中国历史，激发对本国历史的重视与民族自信心，肯定先民对国家民族的贡献。与当时疑古派的顾颉刚、钱玄同等人，观点大有不同。宾四先生与顾颉刚是多年的至交，两人虽在学术上见解迥异，但并不影响彼此的友谊，这点很令人佩服。

我与宾四先生在大陆并不认识，一九五〇年十一月，获知他在香港，于是就写信聘请他来师院讲课。十二月六日晚，宾四先生第一次在师范学院讲演“文化学大意”，大礼堂内座无虚席，张其昀部长及若干文教界人士亦前来听讲，可谓盛况空前。第二天的中央日报，对此有详细的报导。

一九五一年至一九六一年之间，宾四先生为新亚书院筹集经费，常往来于台、港两地。有一次，应《大陆杂志社》（朱家骅创办，田培林为实际负责人）之请，在博爱路淡江英专的惊声堂（即今日警备总司令部对面的博爱宾馆旧址）讲演，不意讲演开始未久，屋顶突然倒塌，主席田培林及宾四先生都被压伤，旋即送往广州街的中心诊所由张先林医师医治，我闻悉后便和师大的几位学生前往探视。

有一次我和他闲谈往事，宾四先生回忆他的中学教师吕思勉（北师大毕业，著有白话本国史等书）上课时走来走去的情形，我当即告诉他，我在大学时，也听过吕思勉教授的课，他笑谓我们两人还有“同门”之谊。宾四先生每次回国，我们两人经常在忠孝路励志社（现《中央日报》旧址）对面的北方小馆吃饭。有时徐复观、李天民等人也常来聚谈。宾四先生说他小时候喜欢看章回小说，并曾在茶馆里向茶客讲述三国演义、水浒传等，讲后获得听众叫好，颇为得意。有一次他向他的父亲提及此事。他的父亲提出一个“桥”字，问他怎么写，他说是乔从木，父亲又问他把“木”字边换成“马”是什么？他说是骄。父亲就告诫他为人不可以骄傲。宾四先生说他一生都受父亲这一句话的影响。也正由于少年时有说书的经验，所以后来在学校讲课，颇能运用“说故事”的技术，表情达意，抓住学生的情绪。据一位曾在北大听他讲课的学生说钱先生讲起课来声色俱佳，可是却也累得满头大汗。他常说做老师的人对学生要有一份“尊敬”之意，因为这就是一种“身教”，可使学生了解人与人之间应该相互尊敬的道理。

一九六七年，宾四先生自香港“返国”定居，初寓台北市丽水街，我去看他并告诉他将往韩国访问，他说他正着手撰写《朱子新学案》，听说韩国人非常崇敬朱熹，有关朱熹的资料很多，希望能替他搜集一点。我回国后，又去看他，并表示要请他到政大教育研究所讲授“中国传统教育制度与教育思想”，他最初不肯，他说已在报上公开表示来台后专心著述，不再去大学教书，可是经我再三恳商，他始应允讲一个学期，每次讲课时，均由我亲自接送。他破例到政大讲课，外间颇多不解。联合报的记者于衡先生在“台北外记”的专栏中，还写了一篇《刘真礼贤下士》的文章，记述宾四先生为何去政大授课的缘由。

我在师院任职期间，接到宾四先生自港来函，提及新亚书院的一名女生胡美琦，因家在台北市，希望能转学师院教育系就读。后来经过转学考试，胡生成绩极佳，就在师院肄业。胡生毕业后，我又接到宾四先生来信，表示要聘胡为新亚书院助教，我也回函同意。以后她与宾四先生结婚，因两人具有师生关系而年龄相差过大，一度曾引起一些人的批评，不过我却认为婚姻系两个人之间的事，只要是合法的，外人无庸表示意见。他们两人结婚二十余年，生活非常美满，如果宾四先生晚年没有其夫人胡美琦的妥善照护，也许不会享此高寿，和写很多传世的著作。

他在政大讲课后，张其昀先生便以文化大学创办人的身份，聘请他在文化大学授课，他也无法拒绝，于是每周便在外双溪素书楼住处讲课。去年（一九九〇年）因受到台北市议员的质询，愤而离开他住了二十多年的素书楼，搬到杭州南路的一所国民住宅内，不久就抑郁以终，士林为之浩叹。宾四先生公祭时，我写了一幅挽联："儒学赖复兴，是中流砥柱，表率士林，立德立言垂不朽；斗山久共仰，念一代宗师，永留教泽，爱国爱人足千秋。"藉以表达我的敬意与哀思。他的夫人胡美琦所写的挽联，则是"尘世无常，性命终将老去；天道好还，人文幸得绵延"。夫妻间互相敬爱之情，表露无遗。宾四先生一生矢志弘扬中华传统文化，反对共产主义，更不惜与盲目崇拜西方文化者笔战，遭受到若干人士的误解。不过他在学术方面的成就，则是为大家所肯定的。

宾四先生在大陆期间，一直讲学著书，从未担任行政工作。

三十七年避难香港时，始与几位文化界志同道合的人创办新亚书院，他志在把中国古代书院精神融入现代的大学以内。其后又和美国耶鲁大学（旧称雅礼大学）合作，并得美国亚洲基金会、洛克斐勒基金会、哈佛燕京社、英国文协会、香港政府、香港孟氏基金会等机构赞助。其间他曾至耶鲁大学讲课，获得耶大荣誉博士学位。他把新亚书院办得有声有色，成绩斐然。及至后来新亚书院与崇基书院、联合书院，合并为中文大学，宾四先生遂辞去新亚职务，在东南亚一带讲学，一九六七年终于离港来台长住。

宾四先生所著《国史大纲》，肯定中华文化，振奋民族精神，销行既广，影响自大。他在书中所写的一篇《引论》，揭示两点要义："一、将我国家民族已往文化演进之真相，明白示人，为一般有志认识中国已往政治、社会、文化、思想种种演变者所必须之知识。二、于旧史统贯中，映照出现今中国种种复杂难解之问题，为一般有志革新现实者所必备之参考。前者在积极地求出国家民族永久生命之源泉，为全部历史所由推动之精神所寄，后者在消极地指出国家民族最近病痛之征候，为改进当前之方案所本。"鉴往知来，希望对新中国的建设，能有启导的积极意义。

宾四先生于一九五一年，应"国防部"的邀请，对当时的高级军官，做了一系列的讲演，后辑为《中国历史精神》出版。讲演共分七次：首讲"史学精神和史学方法"，末讲"中国历史上的道德精神"，中间五讲，分就中国历史上的政治、经济、国防、教育、史地与人物，加以析述。在“前言”中，他自述是一失学孤儿，因读到梁任公的《中国不亡论》，半信半疑，为了求证，乃发愤读史。他说：“今天我对中国历史的看法，在我自己，已像宗教般的一种信仰，只要有人肯听我讲，我一定情愿讲出我知道的一切。”所以这次讲演，不但讲出了他的知识，也注入了他的感情，可与德国菲希特的《告德意志国民书》媲美，对中华民族的复兴，有振聋启聩的作用。

宾四先生精研史学，构成一种以史学为中心的学术系统。他在《人文教育十二讲》中（教育部人文及社会学科教育指导委员会主编，三民书局印行），以《中国民族性与中国文化之特长处》为题，说：“……故中国史学，实乃一种超出寻常的人生哲学，亦是一种超出寻常的人生科学。一切学问尽包在史学之内，而史学乃超乎一切学问之上。要明白中国孔孟学说，要明白中国民族文化，不得不先通中国史学。”

对中国文化有贡献的，孔子以后，当推朱熹。宾四先生的《朱子新学案》，应是这方面的代表作。《朱子新学案》成书于一九七一年，当时钱先生七十六岁，可谓晚年巨构。此书共一百五十余万字，费六年之力完成，仿国史大纲之例，前有长篇《提纲》，约十三万多字，亦单独发行，颜曰《朱子学提纲》。出书前先生亲自校对一次，时当眼疾手术之后，兼以其他疾病，故速度较为缓慢。例言末段说：“以日校万字为度，体力不任，血压时高。校稿垂毕，十二指肠溃疡旧病复发。既以学殖之荒劣，重增衰迈之遽至，所能发明前人精意伟业，实恐有限。惟既竭吾心，知之为知之，不知为不知，私所向慕，时加赞叹，则情见乎辞，未敢掩匿。读吾书者，幸其谅之。”

朱子的《四书集注》，是一本对世人影响最大的经典之作，更被作为私塾和学校启蒙的基本教材。不但正文大家都读得滚瓜烂熟，就连注释，也多能记诵。惟宾四先生的《朱子新学案》，仍本理学纲领，先论“理气”，由无极、太极、阴阳、鬼神，以至天人；然后论“仁”，圣贤、天理人欲、心、性、命、数等，大致是由宇宙讲到人生。而论仁则分上下两篇，先言宇宙之仁，再言人生之仁，其实密不可分，可谓绾合宇宙与人生，以明天人合一的道理。

报载他最后一次至香港讲学时，一日晨起，突然向其夫人胡美琦女士谈及对天人合一问题，又有一番新的领悟，新的发现，喜形于色，乐不可支，古人所言“学究天人”，宾四先生一生可谓念兹在兹，老而弥笃了。

台静农先生

台静农先生，安徽霍丘叶家集人，清光绪二十八年（西元一九〇二年）十月生，一九九〇年十月九日，病逝于台大医院，享年八十九岁，其夫人余韵闲女士于一九八五年逝世。静农先生幼秉庭训，读经史，习书法，与同乡张目寒（曾任监察院秘书长）、韦素园、李霁野、韦丛芜皆为小学同学。小学毕业后，远赴汉口中学就读，这是因为他父亲坚持的缘故。他与同学创办《新淮潮》杂志，鼓吹新文化运动。

民国十一年，赴北京，入北京大学国文门旁听，当时北京大学有个不成文的规定，凡是未入学者均可自由旁听，也可申请入研究所就读，并不一定需要有大学文凭。静农后来申请入北京大学研究所国学门肄业，同学有董作宾等人。十三年，应北大歌谣研究会之请（主持人为常惠，该会负责收集各地民谣），编有淮南民歌集。十四年春，经由张目寒之介绍，结识鲁迅。同年八月，李霁野、韦素园、韦丛芜、曹靖华等人组织“未名社”，从事文学创作与外国文学作品翻译工作。曹靖华通晓俄文，所以翻译俄国文学作品；李霁野擅长英文，就负责英文文学作品的翻译，目前已自大学退休；静农则从事文学创作，早期作品有《地之子》、《建塔者》、《关于鲁迅及其著作》。十六年夏，任北京中法大学讲师。十七年，转任辅大国文系专任讲师，讲授现代文学，不久即升任副教授，并兼陈垣校长的秘书。二十二年，任北平大学女子文理学院文史系国文组副教授。二十四年秋，经由胡适介绍，任厦门大学中文系教授，讲授文字声韵学。二十五年，北上青岛山东大学任教，讲授中国文学史及历代文选，同事有舒庆春（老舍）。

二十六年，抗日战起，举家迁往四川，最初是住在江津白沙镇，任职于国立编译馆。当时因为对日抗战，许多教授都到了四川，政府为了让这些教授有安身之处，特约请他们到国立编译馆任职，实际上并没有什么工作，只是发给他们一点薪水维持基本生活。二十九年，教育部在白沙镇设立国立女子师范学院，师院聘静农为教授。

三十五年，应台大之聘，任中文系教授。三十七年八月，兼任系主任，一直做了二十年，对台大中文系建树颇多。一九七三年夏，自台大退休，校方赠予台大荣誉教授头衔。他生活一直不很宽裕，所以才到辅大、东吴任教。一九八三年起，不再教书，专以读书、写作自娱。一九八八年出版散文集《龙坡杂文》。一九八九年，收集历年学术论文二十五篇为《静农论文集》，得到金鼎奖。静农不喜欢出书，多半都是学生为他出版的。他最喜欢书法，能变化创新，自成一家。一九八五年，出版《静农书艺集》，备受海内外人士称赏。绘画方面最喜画梅花。

我和静农结交是来台以后的事，我到温州街龙坡里台大教授宿舍去看他，相谈之下，才知道他的故乡叶家集，距我的家乡刘家楼才九十华里，是小同乡，均属皖省阜阳第三师范学区。大家都乡音未改，一见如故，以后也就常有往来。有时我在家中宴请文教界人士，也都会请静农来作陪。更常和几位同乡杨亮功、张佛千等人，一同到小馆子餐叙。每年春节，我一定去静农家贺年，他喜欢抽烟、喝高粱酒，所以我多以烟、酒、水果为礼。

他的性格狷介，但待人非常宽厚，凡请他写字者，无论识与不识，很少拒绝。茶余饭后，他每每挥笔书赠，有一次还笑谈，将来收集他的作品最多的，恐怕非我莫属。日月潭教师会馆活动中心落成，教育厅陈倬民厅长命名为“白如楼”，孔德成和静农写了对联送给日月潭的教师会馆，挂在“白如楼”内。他不但字写得好，金石篆刻也不错。我和裕清结婚时，驻日大使许世英为我们证婚人，曾送了二方刻有“清白堂”与“清白世家藏书”的石章给我们作贺仪。抗战期间，播迁各地，这两颗印章就遗失了，我一直深觉可惜。一九七六年，有友人送两方非常好的印石给我，我就请静农照原文篆刻，刻得非常好，弥补了我们内心的遗憾，而且这两颗石章出自静农之手，除了代表友情纪念之外，更具收藏的价值。像溥心畬写的“日月潭教师会馆碑”未落印之事，也是由静农替他写题笺释文。静农之重友谊，于此可见。他和张大千也是好友，张大千住所前面门口的字，也是出自静农之笔。

由于他在大陆时与鲁迅过从甚密，有人怀疑他思想激进。在“未名社”解散之后，他放弃新文学，而专事于古典文学的研究。很多学术界人士，在其年轻时，往往思想偏激，但随着年龄的增长，又慢慢有所转变。像陈独秀，晚年也出版他的《最后见解》一书，严正地批评共产党。俞大维常说自己幼年时读线装书，青年时读洋装（文）书，晚年又重读线装书，静农亦复如此。他来台以后，绝口不谈鲁迅与新文艺，以免受到无谓的干扰，不过内心却很郁闷。他有一子二女旅居美国，可是他本人却不易出境赴美探亲。我遂向有关方面代为解释，后来静农终能赴美。探亲后回台，他来看我，大家彼此心照不宣。

他去世之后，很多人写文章纪念，可见他在学术上的成就是被大家所肯定的。我在台所认识的学术界人士，像静农这样淡泊明志，不拘小节的人实在不多。

蒋复璁先生

蒋复璁先生，字慰堂，浙江海宁硖石镇人，与名诗人徐志摩为同乡，所以徐志摩全集是由他与梁实秋合编的。先生生于清光绪二十四年九月二十九日（西元一八九八年十一月十二日），先世经商，家境富裕，曾祖光煦喜欢收藏历代碑帖、金石玉器以及三代彝器。所藏之书，皆为善本，号为别下斋丛书。先生一生从事图书馆事业，可说是其来有自。他幼年体弱，延至七岁才入私塾就读，从四书、左传读起。十二岁入杭州钱塘高等小学堂。十六岁考入青岛特别高等学校，不久又转学至天津德华中学。

民国六年，考入北京大学文预科德文门。八年，升入本科，攻读哲学。十二年毕业。当时，梁启超从欧洲买回大批的西文书，先生与其叔蒋百里先生兴办“读书俱乐部”，后来又改组为“松坡图书馆”，梁启超担任馆长，先生出任编辑，这是先生参与图书馆事业之始。

十五年，“中华教育文化基金会”创立“北京图书馆”，聘梁启超为馆长，先生则掌理中文图书之编目，所以在研究历代公私簿书之余，遂有志于中国图书分类之改革。

十九年，奉浙江省政府选派赴德国留学，除了在柏林大学攻读哲学之外，也在柏林大学与普鲁士邦立图书馆合办之图书馆学院就读。

二十二年，国民政府拟于南京创建中央图书馆，先生适从德返国，遂奉派为中央图书馆筹备处主任。同时也因为在先生四处奔走之下，上海商务印书馆才得以出版影印四库全书珍本。中央图书馆筹备处并将这套四库全书珍本影印本与世界各图书馆交换，使得中央图书馆馆藏的各类西文书籍能大量增加。

二十六年，抗战爆发，中央图书馆筹备处随政府迁至重庆，筹备处工作因而未曾间断，从事采编、交换、阅览等工作，成绩卓然。

二十九年，中央图书馆正式成立，有北碚、重庆两个分馆。江南地区向来是我国私家藏书之所，自沦于日寇之手后，文献收藏家迫于生计，纷纷出售所藏之书。先生奉政府之命于二十九年年底，化名潜往上海，负责搜购流落在市面上的私家藏书，购得善本书数万册。江南藏书名家嘉业堂刘氏、群碧楼邓氏之珍藏善本书，皆重归国有，免于沦丧，先生在保全文化方面，厥功至伟。

三十四年八月，日军投降，先生奉教育部派为京沪区特派员，以接收江南地区文物为主要任务。原在敌伪机构所收藏之书，除属于私人者发还原主外，其余均重归国有，使中央图书馆所藏之善本书高达十二万册。这批善本书，从三十七年年底开始，就分批运来台湾。

三十八年，中央政府迁台，为紧缩开支，中央图书馆与故宫博物院合并设置管理处，先生负责主持。

一九五一年春，先生皈依天主教。

一九五四年九月，“教育部”应当时社会需要，恢复中央图书馆，选定台北市南海路植物园内的“日本建功神社”为馆址，而先生本人则以馆旁一狭小房舍作为栖身之所。

一九六五年九月，政府于台北外双溪设置台北故宫博物院，聘先生为首任院长。而故宫博物院也在先生的悉心擘划之下，完成了三次扩建工程，使故宫博物院享誉国际，成为海外人士来台观光的目标之一。至一九八三年初，先生以“年事已高，精力不继”为由，在任期届满时退休，退休之后，仍为故宫管理委员会委员。一九九〇年九月二十日，因罹患血癌逝世，享年九十有二。

我和先生认识，是在一九五一年先生任台大中文系教授时，因为师范学院决定兴建一所图书馆，我便和陈可忠先生前往温州街台大教授宿舍，请教先生有关筹建图书馆等事宜。师院改制为师大后，先生也曾在师大社教系讲授图书管理这一门课。

中央图书馆在台复馆之后，我于一九五七年八月转任省教育厅厅长一职，因为我俩已有深厚友谊，所以凡他要我帮忙的地方，我总是尽力帮忙。

一九六七年，“国家安全会议”成立，我担任“国家安全会议国家建设计划委员会”委员兼文化组召集人，复璁先生应聘为文化组委员。当时有一个民间文化团体想要影印故宫所藏的历代名画，由我介绍请王云五先生与复璁先生帮忙，经过两人的同意，故宫名画遂得送往日本印行。印得异常精美，也为国家增添了一份文化资产。

复璁先生与梁实秋先生、陈可忠先生是好朋友，自从认识我之后，我们四人也成为至交。只要故宫有任何文教活动，复璁先生总是会请我参加，平时，我们四人也常聚在一起上馆子餐叙。复璁先生与梁实秋先生曾合编名诗人《徐志摩全集》，由传记文学社出版。

复璁先生的一生可说是全心全意投入图书馆事业，他独身居住在台湾，没有亲人的陪伴，廉俭自奉，谨守“行事以忠、待人以诚、交友以信”的古训，真正做到“言忠信、行笃敬”的儒家典型。他虽然信仰天主教，可是其行事却像佛家所谓的“苦行僧”一样。我也常引述先生为人、治学的精神，期勉学生都能把他的这种精神做为立身处世的模范。

王云五先生

王云五先生，字岫庐，清光绪十四年元月初一（西元一八八八年二月十二日）生于上海租界，籍贯为广东省香山县。光绪十七年，随母回乡。二十二年，重返上海，始入私塾。二十六年，庚子乱起，乃回乡暂避。二十七年春，回上海入私塾就读，二十八年改为半工半读。二十九年三月，于守真书馆读英文。三十一年冬，任“益智书室”英文教员，课余则为南方日报译述英文稿件。三十二年春，为“振群学社”社长，十月为中国新公学英文教师，学生有胡适、杨铨等人。宣统元年，兼任上海留美预备学堂教务长。三年八月，革命爆发，上海留美预备学堂停办，先生为“天铎报”撰述革命宣传文字。十一月，参加“上海留沪香山同乡会”欢迎孙中山先生，先生代表同乡会致辞，中山先生也为云五所编之学报题“开新纪元”四字。

民国元年一月，中山先生任临时大总统，云五先生为总统府秘书，主管接待处。当时蔡元培为教育总长，云五一本多年任教的经验，将自己对高等教育的看法函寄蔡元培，蔡元培阅后觉得所言颇为中肯，乃约云五先生至教育部相助。云五遂在孙大总统同意下，兼任教育部职务。上午在总统府上班，下午则在教育部工作。在教育部工作期间，奉命起草大学令。三月，随部迁往北京，任专门教育司第一科科长，后又改任佥事。四月，任北京“民主报”社外撰述。二年，报社被查封。九月，担任国民大学法科教授，并加入国民党。

三年三月，任教育部主任秘书兼署专门教育司司长（即高教司），五月辞职。八月，任中国公学专任教授。

五年，离京赴沪，九月，为“公民书局”主编公民丛书。

十年九月，经胡适推荐，入上海商务印书馆编译所工作，十一月，任编译所所长。

十三年十月，东方图书馆落成，云五兼任馆长。十四年三月，发明四角号码检字法。十六年四月，完成中外图书统一分类法。十七年二月，任大学院译名统一委员会主任，并出版教育大辞书。十八年四月，刊行《万有文库》第一集。九月，卸任商务印书馆编译所所长一职。十九年二月，任商务印书馆总经理。三月，出国考察。九月回国推行科学管理法，整顿商务印书馆业务。十月，设立研究所。自兼所长，并出版王云五大辞典、王云五小辞典。

二十年一月二十八日，日军侵华于上海引发淞沪之战。二十九日，商务印书馆闸北总厂受战火波及，编译所及东方图书馆均被战火焚毁。

二十一年三月，订定复兴商务计划。八月，上海商务印书馆总馆复业。十一月起，商务印书馆每日印行新书一册。

二十二年，主编大学用书及东方文库续篇。九月，出版万有文库第二集，并与中央图书馆馆长蒋复璁合作，印行四库全书珍本为四库全书珍本初集（其后又印续集、三集），商务印书馆香港分馆同时落成启用。

二十六年七月，应邀出席庐山谈话会。抗战发生后，云五决定以香港分馆为业务中心，并亲自长驻香港综理业务。二十七年六月，任国民参政会第一届参政员。二十九年三月五日，蔡元培病逝香港，云五为之处理丧事，葬蔡先生于香港华人公墓。

三十年十二月，香港沦陷，云五至重庆，并设立商务印书馆重庆分馆。三十一年三月起，重庆分馆扩大营业，在抗战期间，纸张、印刷材料来源艰困下，仍然每周出版新书十五种。

三十二年十一月，为中国访英团团员之一，团长为王世杰，团员有杭立武等人。三十三年一月，完成访问任务。三十四年七月，当选国民参政会主席团主席之一。三十五年一月，为社会贤达代表，出席政治协商会议。四月，回上海，辞去上海商务印书馆总经理一职。五月就任经济部部长。三十六年四月，任国民政府委员及行政院副院长（院长为张群）。

三十七年五月，任行宪后首届行政院政务委员，兼财政部长；八月发行金圆券；十一月因币制改革失败，引咎辞职；十二月五日，被中共列为“头等战犯”。

一九四九年十二月，在香港创办“华国出版社”。

一九五一年一月，由香港回台湾定居，被聘为“国策顾问”。七月任“中央故宫博物院”共同理事会第二届理事长，任期二年。一九五三年二月，接任商务印书馆业务计划委员会主任委员。一九五四年八月任“考试院副院长”，并担任政治大学政治研究所教授。一九五五年八月，担任“孙立人案九人调查委员会”委员。一九五八年三月，任“总统府”临时行政改革委员会主任委员，所提的改革案颇受重视，遂于一九五八年七月任“行政院副院长”，院长为陈辞公，黄少谷为秘书长。一九六三年十二月辞职，应聘为“总统府资政”，并任嘉新水泥公司文化基金会董事长。一九六四年七月，又重任商务印书馆董事长。一九六五年十一月，并担任“中山学术文化基金会”董事长。一九六六年编《人人文库》。一九六七年七月，八十大庆，出版《岫庐八十自述》，自云：“一生以出版为主，教学次之，公务、政务殆为客串。”

一九六八年六月，商务印书馆新厦落成，名为云五人楼。一九六九年六月，辞政大政研所教授，计共在政大任教十五年，前十年是兼任教授，后五年是专任教授。一九七九年六月，以心脏病去世，享年九十二岁，葬于台北县树林佛教墓园。

我和云五先生认识是在一九五一年，当时他住在和平东路一段与新生南路一段之间政府配给的木造宿舍内。由于他一生注重出版事业，所以华国出版社也迁到和平东路，与师大距离很近。云五先生来找我，希望能由师大教授写一些书籍给华国出版社出版。于是我便向他推荐国文系教授王伟侠所写的《应用文讲话》，并由我为之作序，经由华国出版社出版后，销路颇佳。

一九六四年七月，华国出版社业务逐渐结束（实际业务是由王德芳〔王世杰之侄〕负责）。味全公司董事长黄烈火找云五先生负责出版《全知文库》的编辑委员会，黄董事长出资一百万台币作为文化事业的基金，而所编的《全知文库》则是以青少年读者为对象，云五先生找我和杨亮功为该编辑委员会的编辑委员，每二星期开会一次。也因此之故，味全公司常招待我们到埔心牧场野餐，该书编成后，由商务印书馆出版发行。

商务印书馆几次遭遇困难，都是由云五先生从逆境中重振业务，不断出版许多有价值的书籍，也使商务印书馆能在出版界中执牛耳地位。他在政治上曾数度出任要职，一旦卸下公职，即回商务印书馆服务，每日按时上班。每出版一新书，从封面设计、排版等细节莫不亲自决定。一九五三年，我出国考察一年，这一年间，经常写信给师大的学生。回国之后，商务印书馆便将这些信件收集起来出版《旅美书简》一书。当时云五先生已年近八十高龄，仍亲自在书中重要文句之处划上圈圈，他这种对事业专注的精神实在令人佩服。

我和云五先生可算是忘年之交，凡由他所主持的业务，一定邀请我参加，例如他担任“总统府”临时行政改革委员会主任委员时，就聘我为顾问。他出任嘉新公司文化奖学金主任委员时，也要聘我为委员。甚至当他应聘为某私立中学的董事长时，也聘我为董事，不过，此事我并未接受。我和他同在政大教书时，偶尔也会在教授休息室碰面，他曾经对我说：“只有我们俩可以不做官，因为我俩不做官还可以教书。”我则笑答谓：“古人云‘学而优则仕’，我们俩是‘仕而退则教’。”云五先生为人很风趣，喜欢喝酒，醉了就常讲英文，实在是一位可爱又可敬的长者。

黄君璧先生

黄君璧先生，名允瑄，字君璧，晚号君翁，广东南海人。清光绪二十四年九月二十八日（西元一八九八年十一月十一日）生于广州。父仰荀公踵继祖业，乐亲书画。先生七岁启蒙于胡子晋先生，后又从学于仲父问涯公。年十四复受教于陈贯之先生，国学根基，于焉始奠。时西学渐兴，长兄又为之延聘冯子煜先生教授英文数学，年十六入广东公学，历五寒暑而卒业。

先生自髫龄即好绘事，随手涂抹，辄有佳致。长兄以其情志独钟，多所指导。民国十一年，复入楚庭美术学院，研习西洋绘画，为时三载，得窥泰西透视光影赋彩之道。是岁彩笔初试，即获广东全省第一届美展国画最优奖，而四川内江张大千先生来游穗城，遂与订交。民国十六年，出任广州市立美专教务主任，又与宜兴徐悲鸿订交。其后东渡日本，考察美术教育，历时一载。二十四年返国，任职中山文化教育馆，着手编撰《中国画史》。

抗日军兴，先生入蜀，出任国立中央大学艺术系教授，并兼国立艺专国画组主任。三十一年，太夫人病逝故里，以烽火阻隔，未能亲视含殓，饮痛终身，因取耿梁公望白云而思亲之义颜其画室，此即“白云堂”一名之由来。三十七年冬，与同乡梁寒操先生相偕，首次渡海来台，举行书画联展于台北市中山堂。翌年大陆动乱，先生遂由港来台定居。民国三十八年六月间，我获悉君璧先生抵台消息，乃专诚至台北市泰顺街其临时寓所拜访，并表示拟聘请担任师院艺术系主任，彼因与我素未谋面，颇感讶异，承其不弃，立即应聘。从此便担任师院、师大艺术系主任二十余年。退休后仍继续在校授课，故师大美术系馆大楼落成时，即请君璧先生题字，以为永久纪念。

台湾光复初期，公私立大学甚少。故由大陆来台在各大学任教者，常在一校授课达数十年之久。此与过去大陆情形，颇有不同。大陆各省市均设有大学，而北平、上海等地，大学林立，凡稍具声誉之学者，各校争相延揽，因而各大学人事流动性极大，名教授能在一校连续任教数十年之事，可谓罕见。今年六月我参加师大成立四十六周年校庆酒会时，便有几位同仁对我说，在大陆时期，公私立大学校长很少能参加自己所主持的学校成立典礼有四十多次的。回想四十三年以来，除其间两年出国研究考察外，每年我都是出席师大的校庆典礼的。可是民国三十八年与我同时至师大服务的同仁，有很多已经谢世。而君璧先生亦以九五高龄于去年遽归道山，未及参加师大师生本届校庆所举办的美术展览。人生朝露，思之怆然。

在当代国画大师中，君璧先生连续任教于大学美术系数十年，及门弟子，多成名家。加以在其私人画室白云堂习艺者，为数何止千百。他对中国艺术教育的卓越贡献，可以说是“前无古人”的。所以当其公祭之日，吊者群集灵堂，几无移足之地，可谓备极哀荣。我亦为治丧委员与覆旗官，目睹当时情况，深为老友能获得朝野人士之如此敬重而稍减哀思。

君璧先生为人亲切、热诚、豁达以及“乐道人之善”等等美德，使他生前能获得最佳的“人缘”。我与他相识逾四十年，真可谓“金石之交”。去年十月他由港返台，主持画展开幕仪式，并拟于九五诞辰笺邀友好餐叙。据君璧先生令媛安霞面告，其父所手写的客人名单中，将余名列为第一位，并说：“我是时时刻刻都不会忘记刘校长的。”这使我联想到一九八七年十一月二日晚间十时，梁实秋先生在中心诊所病危前特嘱师大校友朱良箴打电话要我前往病前一见的情形，次日我又至中心诊所亲见实秋先生瞑目长逝，其后并为其主持丧葬事宜。实秋、君璧和我，真可谓生死之交了。

民国三十八年夏，大陆局势动荡。溥心畬先生由舟山避难来台，临时下榻台北市中山南路“凯歌归”招待所（即中央党部现址）。我闻悉往访，承彼慨允至师院任教。君璧先生与心畬先生原系旧识，极表欢迎。溥心畬先生在师大美术系授课时，曾有一句“书画同源”的名言，即告诉学生要学好国画，应先将国文读好，书法练好，如此方能在自己的作品上，作诗题字，得心应手，免于求人。张大千先生自大陆侨居巴西前，曾在台北小住，君璧先生再三邀其留台任教，彼以出国计划早经决定，未便改变，故仅在师大美术系作数次讲演，离台前特托君璧以所绘国画一张相赠，我至今仍予珍藏。师大美术系同学之所以能人才辈出，君璧先生“容纳众流”的胸怀是一个主要的因素，特别在艺术界，这种风范是非常值得敬佩的。

四十多年来我与君璧先生相交期间，有一些小事常使我记忆犹新，永不忘怀。一九五三年二月，我首次赴美考察，途经洛杉矶时，君璧先生与“我国李总领事”同至机场相接。其后数日，君璧一直陪我在洛城近郊观赏名胜，并曾至前南京市长刘纪文的夫人寓所茶叙。一九五七五月，我在纽约开会，君璧先生获知我所住宿的旅社，即约时来晤，见面后，他告诉我将赴中南美几个国家举行画展。并谓日前顾一樵先生自费城至纽约与其话旧，他曾以所展作品相示，一樵对其某一作品极为赞赏，他便抽出奉赠。我当即面询君璧，途中少了一件预定展出的作品怎么办？他笑着对我说，只好在纽约多留数日补画一张算了。君璧一生为人处世，始终表现一种无私无我的精神。无论旧雨新知，只要对其作品特加赞誉并稍有“欲得”之意时，彼必割爱相赠。他这种慷慨的性格，使他赢得了无数中外人士深厚的友谊。

君璧先生的好客也是一般朋友都知道的，我与内子石裕清女士（亦为白云堂弟子之一）每次至其和平东路寓所拜候时，他必偕其夫人约往一家粤菜馆餐叙。有一天上午我因事往访，两人谈兴甚浓，他突然对我说，约几位老朋友晚上一起吃饭如何？他顺口提出拟邀的几位人士的大名：陈立夫、孔德成、刘季洪、陈雪屏、梁实秋、台静农。我说他们有几位都是忙人，临时是否能够约到颇无把握，他说你就在此打电话分别联络好了。出乎意外地，他们几位都准时于下午七时到中山北路的红宝石粤菜馆共餐，自然他们也曾表示完全是看君璧先生的面子，把另外的宴会推辞掉了。由此即可想见君璧先生在一般朋友心目中，受到如何的敬重。

附录：拟修正学制系统草案

拟修正学制系统草案

序言

为谋审查会进行顺利起见，我们特用了一日一夜之力，

根据广州原案，参酌学制会议议决案及江苏省教育会修

正案，比较研究的结果，草成这一个[illegible]综合的修正案。

精神全本广州原案，而文字形式则[illegible]比较诸案，

择善而从。请

诸位同人考虑採择。

十一，十，十三。胡适。

標準

(一)適應本國社會進化的需要，

(二)發揮平民教育的精神，

(三)謀個性之發展的可能，

(四)注意國民經濟力，

(五)多留各地方伸縮餘地，

(六)使教育易於普及。

學制系統圖表

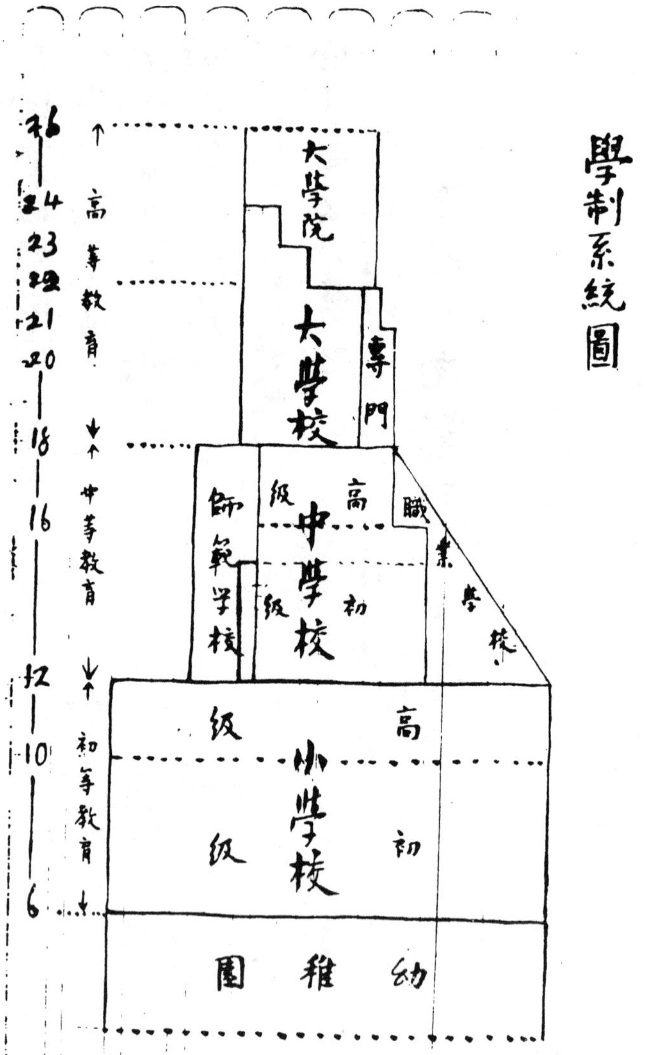
學制系統圖
大學院
大學校
專門
師範學校
高級
中學校
初級
職業學校
高級
小學校
初級
幼稚園
高等教育
中等教育
初等教育
26
24
23
22
21
20
18
16
12
10
6

專件

學校系統案

學校系統圖

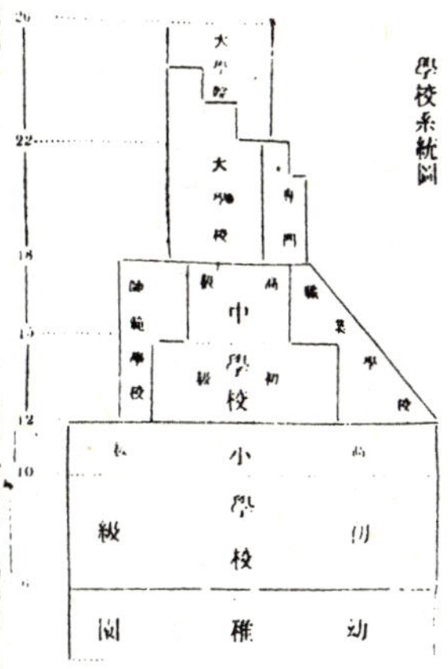

說明

說明

一　初等教育

(1) 小學校為施行國民教育而設，非專為中等教育之預備。（廣一）

(2) 小學校修業年限六年。（廣二，制一。）

(3) 小學校得分初高兩級。前四年為初級，得依地方情形單設之。（制二，廣三）

(4) 義務教育年限，暫以四年為準。各地方至適當時期，得延長之。（廣五，制三）

(5) 小學課程得於較高年級，斟酌地方情形，增置職業準備之教育。（廣四，蘇四）

(6) 初級小學以上，得酌設相當年期之補習科。（制五，蘇五）

(7) 幼稚園收受六歲以下之兒童。（廣七）

(8) 對於年長失學者，宜設補習學校。（廣八）

二 中等教育

(1)中学校修业年限六年：初级中学四年，高级中学二年。但得依地方情形，定为初级三年，高级三年。（制八）三年期之初级中学课程，应与四年期之初级中学前三年之课程一律。（增）

(2)初级中学得依地方情形，单設之。（制九，参广十二）

(3)高级中学应与初级中学並设，但於不得已时，得单设之。（制十，参广十一）

(4)初级中学施行普通教育；但得视地方需要，兼设各种职业科。（广一至四，又七至九，制十一）

(5)高级中学分普通，農工，商，師範、家等科。但得酌量地方情形，单設一科，或兼设数科。（改制十一，十二）

（附注一）依旧制设立之甲种实业学校，改为职业学校，或改为高级中学农、工、商、等科。

(6) 中等教育采用选科制。（广九）

(7) 中等教育得设补习学校，其补习种类及年期，视地方情形定之。（苏五）

(8) 职业学校之学科及期限，得酌量各地方实际需要情形，随时订定之。（浙七，参广一至三。）

（附注二）依旧制设立之乙种实业学校，改为职业学校。

(9) 师范学校修业年限六年，并得兼设二年或三年之师范科，收受高初级中学毕业生。

（附注三）初级中学三年毕业者，入三年师范科。

(10) 师范学校前三年可设通科，其课程得与中学校前三年相同。

（参广一，增。此较上文(1)。）

(11) 为推行师范教育计，得视地方需要，酌设师范讲习所。其修业年限，定为二年以上。（广六，制十四。）

(12) 为推行职业教育计，得于相当学校内，酌设职业教员养成科。（广七，制十五）

三、高等教育

(1) 大学校合设数科，或单设一科，均可。其单设一科者，称某科大学校，如医科大学校、法科大学校、师范大学校之类。（制十九，广二）

(2) 大学校修业年限定为四年至六年。各科得按其性质之繁简，于此限度内斟酌定之。（广三）

医科大学校及法科大学校，修业年限，至少五年。

（附注四）依旧制设立之高等师范学校，应于相当时期内，提高程度，收受高级中学毕业生，修业年限定为四年，称为师范大学校，或改为大学校之教育科。

(3) 大学校用选科制。（增）

(4) 专门学校修业年限三年或四年。高级中学毕业者，入之。（其四年毕业者，得选入大学 四年毕业者。）（广七，制十六）

医学及法政专门学校，修业年限，定为四年。（增）

(5) 大学及专门学校得附设专修科，修业年限不等。凡志愿修习某种学术或职业而有相当之程度者，入之。（广八）

(6) 大学院为大学毕业者，及具有同等程度者，研究之所。年限无定。（广五，制二十二）

附则

(1) 为适应特殊之智能，对于天才者之教育，应特别注意。其修业年限，得变通之。（刘乙）

(2) 对于精神上或身体上有缺陷者，应施以特殊教育。（刘丙）